基

ア

まかない風・北インドのチキンカレー

トマトとヨーグルトがベースの基本のチキンカレー。

See page ➡ 059

アル・ゴビ（マサラ系サブジ）

サブジとは野菜料理の基本となるヘルシーな炒め蒸し。

See page ➡ 070

バラエティ豊かな北インドのチキンカレー、いろいろ

北インド風キーマ・マタル

チキンの挽き肉（キーマ）とグリーンピース（マタル）のカレー。

See page ➡ 142

パンジャーブ・チキンカレー

インド北西部、パンジャーブ地方のシンプルな「おうちカレー」。

See page ➡ 129

サーグ・チキン（レストランスタイル）

サーグとはホウレンソウ。インドレストランでも定番のカレー。

See page ➡ 147

チキン・モグライ

イスラーム式の白いチキンカレーは、味わいも深い。

See page ➡ 139

イスラーム式マトンカレーとマサラ料理

イスラーム・マトンカレー
たっぷりのヨーグルトと
炒めタマネギがポイント。
See page ➡ 154

チキン・マサラ
マサラ・グレービーを使った
濃厚スパイス煮込み。
See page ➡ 163

チングリ・マライ
エビ（チングリ）を
クリーム（マライ）で仕上げた
リッチな味わい。
See page ➡ 166

北インドのおふくろの味
野菜のサブジ、豆料理

チャナ・マサラ
ヒヨコ豆を使ったマサラ料理。
ヘルシーで応用も利く。
See page ➡ 168

ジャガイモとインゲンのサブジ
カレーの副菜にもぴったりの
炒め蒸し（サブジ）。
See page ➡ 173

ジャガイモとナスのサブジ
タマネギの甘み、
トマトの酸味がポイント。
いろんな野菜で作れる。
See page ➡ 175

北インドの「みそ汁」的存在 ダールカレー、その他

オニオン・プラオ
プラオとはインドの炊き込みご飯。
肉のカレーにぴったり。
See page ➡ 191

基本のダールカレー
ムング・ダール（挽き割り豆）で作る
ヘルシーなカレー。
See page ➡ 184

チャパティ
全粒粉の薄焼きパン。
実はインドでは、ナーンよりもポピュラー。
See page ➡ 197

ダール・タルカ
白いご飯やチャパティだけでなく、
バゲットなどパンにも合う。
See page ➡ 186

ラッサム、サンバル、ポリヤル
南インドは野菜料理が豊富

キャベツとグリーンピースのポリヤル

南における野菜の炒め煮がポリヤル。
これもいろんな野菜で楽しめる。

See page ➡ 215

ラッサム

ニンニクやブラック・ペパー、トマトが入った、
あっさりスープカレー。

See page ➡ 206

ジャガイモのロースト

ピリッと辛いジャガイモ料理。
ラッサムやサンバル、カレーと一緒に。

See page ➡ 218

ナスのサンバル

ご飯によく合う、野菜入りの豆カレー。
いろんな野菜に応用可能。

See page ➡ 210

ベジタリアンこそ南インド！多種多様な菜食メニュー

ホウレンソウのココナッツ煮

青菜もしっかり煮込むのがインド流。まさに南国の味。

See page ➡ 230

クートゥ

野菜とダールを軟らかく煮た、ココナッツ風味の一品。

See page ➡ 221

ケララの野菜シチュー

ケララはインド南西部の州。野菜がたっぷり摂れる。

See page ➡ 233

カボチャのポリヤル

ポリヤルは炒め蒸しのこと。独特のスパイス使いで深い味に。

See page ➡ 227

菜食メニューにもぴったりの南インド風「混ぜご飯」いろいろ

カード・ライス
南インドならではのヘルシーな「ヨーグルトご飯」。
See page ➡ 241

レモン・ライス
ターメリックで黄色く仕上げた、さっぱり味のご飯。
See page ➡ 236

サンバル・ライス
サンバルやラッサムとご飯を煮ると、また違った味わいに。
See page ➡ 243

ココナッツ・ライス
ココナッツの甘みとダールのカリカリ感が楽しめる。
See page ➡ 239

豪華な炊き込みご飯とティファン、その他

チキン・ビリヤニ

ビリヤニは
カレーを使った炊き込みご飯。
本場の味をアレンジして紹介。

See page ➡ 265

バミセリ・ウプマ

インドの極細パスタ、
バミセリの料理。
塩味であっさりスパイシー。

See page ➡ 245

ベースン・ポディ

See page ➡ 251

グリーン・チャトニ

See page ➡ 250

ココナッツ・チャトニ

See page ➡ 248

日本のチャツネは甘いが、本場のチャトニは甘くない。ポディはインドのふりかけ。

北のカレーとひと味違う シーフードとチキンカレー

マラバール・シュリンプカレー
新鮮な魚介で有名なマラバール風のエビカレー。まろやかな味。
See page ➡ 252

メカジキのスパイス焼き
酒の肴にもおすすめの、手軽に作れるスパイス焼き。
See page ➡ 259

南インドのチキンカレー
同じチキンカレーでも、ココナッツ・ミルクで南インド風。
See page ➡ 261

気軽に作るインドのサラダと、甘いデザート

フィルニ

いわばインドのライス・プディング。
冷やして食べるとおいしい。

See page ➡ 277

ミックス・ベジタブル・ライタ

ライタはヨーグルト味のサラダ。
肉のカレーと一緒に。

See page ➡ 269

サンディッシュ

インドのカッテージ・チーズである
パニールで作るベンガルのお菓子。

See page ➡ 279

カチュンバル

生野菜をスパイスとレモン味で。
ノンオイルなのでこれもヘルシー。

See page ➡ 270

भारतीय खाना

ポンガル
米とムングダールを炊いたインド版のおかゆ。サンバルやチャトニと食べる。

ワダ
ウラドダールの生地でドーナツ状に作った揚げパン。

イディヤパン
インドのビーフンとでもいうべき麺で、カレーなどと食べる。

भारतीय खाना

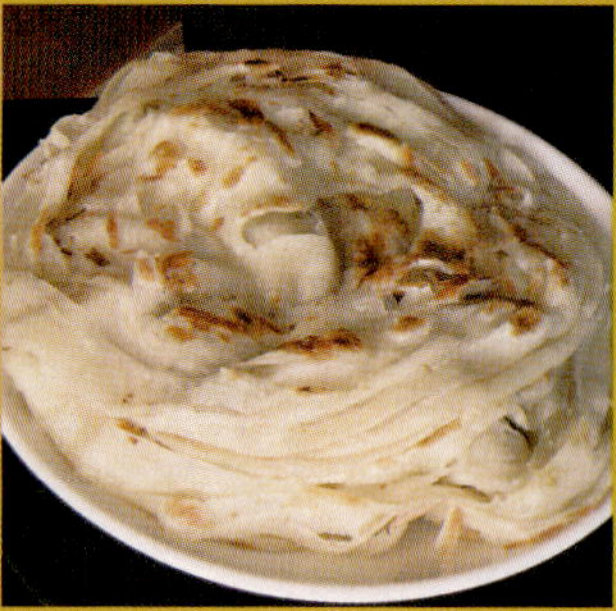

パローター
クロワッサンのように折り込みがあるパン。

パパド
ウラドダールで作る薄焼きのもの。塩味。

⑫ ティファン　भारतीय खाना

安くてうまい南インドの軽食、ティファンいろいろ

ドーサ
米とウラドダールの生地で作るインドのクレープ。サンバルやチャトニと食べる。

⑬ インドのパン　भारतीय खाना

ナーンだけじゃない、インドのパン

パラーター
全粒粉で作るチャパティより豪華なパン。

プーリ
チャパティと同じ全粒粉の揚げパン。

インド料理に欠かせない様々なスパイス

カスリ・メティ

シナモン

クミン・シード

ヒング

フェンネル

カルダモン

メティ・シード

マスタード・シード

クローブ

スパイス使いがインド料理の鍵。しかし本場の料理で、ひとつの料理に数十種類ものスパイスを使うなんてことはない。スパイスは、作りたい料理に合わせ、少しずつ揃えていこう。

インド人が大好きな挽き割り豆、ダール

トゥール・ダール

チャナ・ダール

ムング・ダール

インドのベジタリアンに欠かせないのがダール(挽き割り豆)。煮込み料理やカレーのほか、スパイス的に使うことも。よく使われるのはこの5種類。

ウラド・ダール

マスル・ダール

タマリンド
アフリカ原産のタマリンドの木の実。
酸味があり、タイやベトナム料理でも活躍。

भारतीय खाना ⑯ 北の食卓・南の食卓

北インドのターリーと南インドのミールス

北の「定食」ターリー
日本のインド料理店でもよく見かける光景。ステンレスのターリープレートで供されることが多い。ミールスと同様、おかわりは自由。

南の「定食」ミールス
バナナの葉の上に料理が並ぶ。おかずにはサンバルやラッサム、ポリヤルといった料理に、チャトニやピックルなどの付け合わせが登場。

ペパーフライ
南インドの肉の炒め煮料理。

クルマ
南インドのマイルドカレー。

コルマ
北インドのマイルドカレー。

光文社知恵の森文庫

渡辺 玲

新版

誰も知らないインド料理

おいしい やさしい ヘルシー

光文社

本書は『誰も知らないインド料理』（一九九七年、
出帆新社刊）を大幅に加筆修正し、文庫化したものです。
口絵写真／著者

まえがき

ウェルカム・トゥ・ザ・マサラ・ワールド

ナマステ！　ワナカム！

本格的なインド料理店がまだ東京都内でも少なかった一九八〇年代前半のこと。当時東京九段下を本店にしていた老舗の南インド料理店「アジャンタ」。たまたま入ったその店で食べた野菜カレーの印象はあまりにも強烈でした。

ターメリックとココナッツの入り混じった白っぽい黄色。樹木の種や木の枝、葉っぱのようにも見えるスパイス類。ジャガイモやニンジンの他、ゴロンと無造作にカットされ具材になっている一口大のダイコンや芽キャベツ。それらが醸し出す独特の存在感に、まずは唖然としました。

「うわあ、見たことないなあ、こんなの」と思いつつ、口にしたその味自体がショッキングでした。粒のまま入っていた各種スパイスの爽快さと刺激あふれる香り。ほのかなトロみのついたカレーソースの不思議な甘み。続いてやってくる、これまで体験したことのない激烈な辛さ。

名前こそカレーですが、それまで私が食べてきたのとは明らかに異なる料理。後で知ることになる「マサラ」という語で表される未知なる味の世界がそこにありました。

麻薬にも似たこのマサラの魅力にとりつかれた私は、レコード会社勤務のサラリーマン生活を辞し、ノコノコとインドにまで出かけて行きました。そして本場の味にさらにノックアウトされたあげく、気がつけば「アジャンタ」の厨房で慣れない手つきでエビの殻などむいていました。いつの間にやらマサラの迷宮に迷い込み、そのまま修業の旅に出発していたのです。

以来、再三インドに行っては、レストランの厨房から野菜やスパイスの市場、果ては一般家庭のキッチンに至るまで、マサラの奥義を求めつつ、三〇年後の今も、本場のインド料理のある場所を求めウロウロしている始末です。

何といってもキーワードはマサラという語。

インド世界についてよくいわれる「多様性」をもって、この単語も本場では使われます。例えば「ガラム・マサラ」のように香辛料のブレンドを指す場合もあれば、タマネギやショウガ、ニンニクといった香味野菜とスパイス類などをミックスして火を通したカレーベースをいうこともあります。さらには「チキン・マサラ」のように汁気の少ないスパイシーな「カレー」や、米と豆の発酵生地によるクレープのような南インドの名物料理「マサラ・ドーサ」のように、ポテトやその他各種野菜とスパイスやハーブをミックスして炒め煮した具材そのものを意味することだってあります。

「この皿はノー・マサラだ」といえば「インド料理独特のスパイス感がなく、おいしくない料理だ」ということになります。こうなるとインド料理のビギナーの方が黙って聞いていると、どのように使用するのが適当なのか迷うことは必至でしょう。

本書はこうした「マサラ・ビギナー」のための手引き書です。本場のインド料理世界の一端がここにある、と考えていただいて差し支えありません。

ただし、マサラの意味や語法がさまざまあるように、インド料理の調理法、そして実際のレシピも実にさまざまなスタイル、バリエーションがあります。だから本書の中に皆さんご存じのメニューを見つけ、たとえ料理手順が互いに異なっていても、どちらかを否定することはしないでください。

おそらくどちらも間違ってはいないはずです。同じネーミングのカレーでも、いろいろなレシピのあるところがインド料理の奥深さですから。要は手軽でおいしく体にいいか、ということです。本書のメニューやレシピはそうした観点からチョイスしてあります。トライしてみて、もしどうしてもおわかりにならない点があれば、お気軽にお問い合わせください。

それではいよいよ、ごいっしょに本場仕込みのマサラ・ワールドへの旅に出発しましょう。

भारतीय खाना

新版 誰も知らない

インド料理

おいしい やさしい ヘルシー

目次

第2部（理論編）

おいしく作るためのポイント、あれこれ

第3部（実践編）

さあ、作りましょう

ワンポイント・コラム

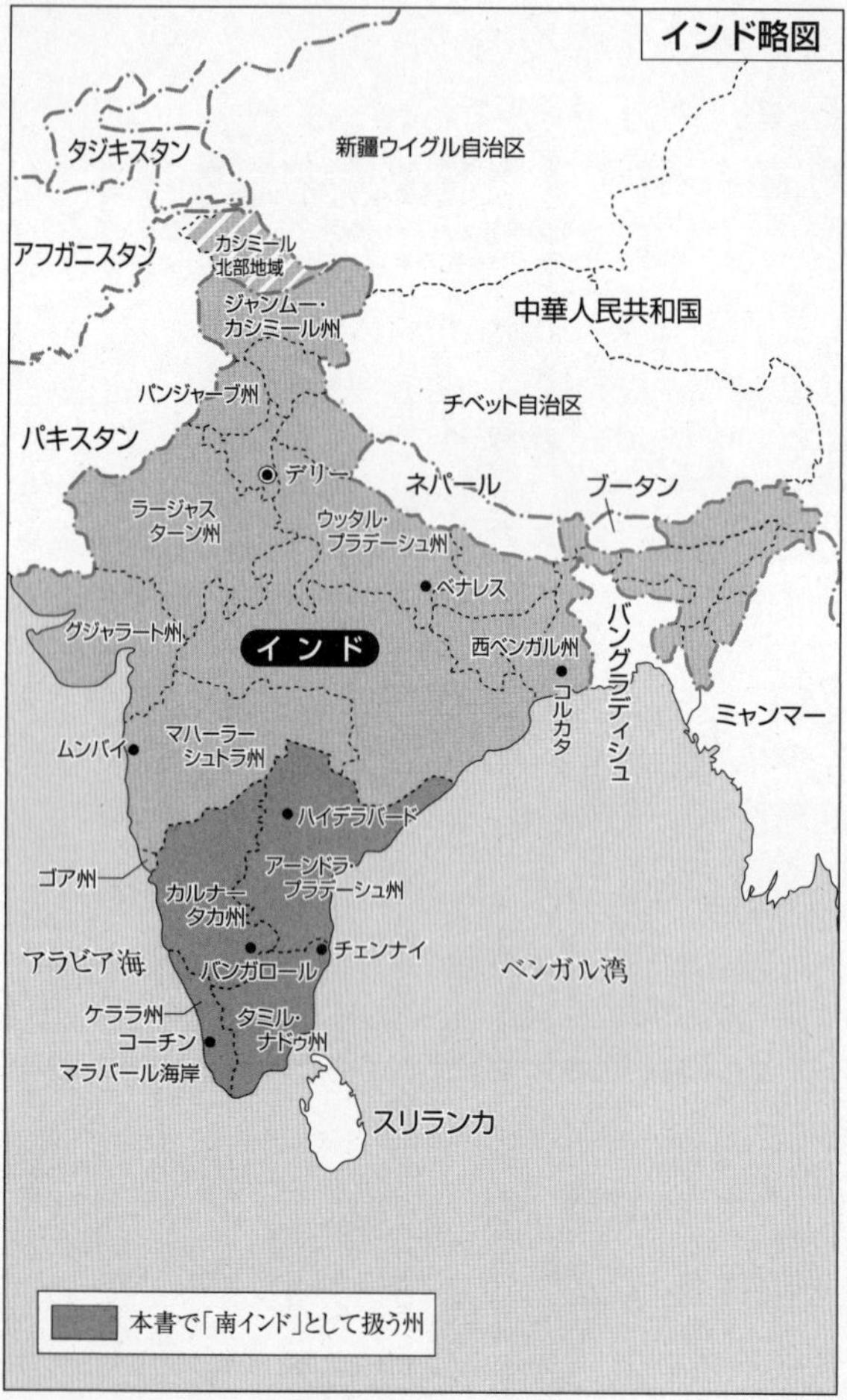
インド略図
タジキスタン
新疆ウイグル自治区
アフガニスタン
カシミール
北部地域
ジャンムー・
カシミール州
中華人民共和国
パンジャーブ州
チベット自治区
パキスタン
デリー
ネパール
ブータン
ラージャス
ターン州
ウッタル・
プラデーシュ州
ベナレス
バングラディシュ
グジャラート州
インド
西ベンガル州
コルカタ
ミャンマー
ムンバイ
マハーラー
シュトラ州
ハイデラバード
ゴア州
アーンドラ・
プラデーシュ州
カルナー
タカ州
チェンナイ
アラビア海
バンガロール
ベンガル湾
ケララ州
タミル・
ナドゥ州
コーチン
マラバール海岸
スリランカ
本書で「南インド」として扱う州

第1部 導入編

おいしいインド料理を食べていますか

1 本当のインド料理とはどんなもの？

本場の〝インド料理〟は日本にあるのか

皆さんのほとんどは、日本のインドレストランに行って、インド料理を召し上がったことがあるかと思います。だいたいは、ざっと以下のような感じでしょうか？

あなたが心地よいスパイスの香り漂う店内に入ると、まずはガラス張りになったタンドゥール窯のセクションが目に入ります。そこには当然インド人らしきシェフがいて、赤い色をしたタンドゥーリ・チキンが太いスティック（シークまたはシクといいます）に刺されたままぶら下がっていたり、ナーンを手慣れた手つきで、えいやっとばかりタンドゥール窯の中に貼りつけたり、という光景を見ることができます。

テーブルにつくと写真入りのメニューがあります。あなたがそれを無造作に広げると、お肉主体のタンドゥール料理、例えば先ほど見たタンドゥーリ・チキン、スパイスを混ぜたマトンの挽き肉をきりたんぽのようにして焼くシーク・カバーブ、骨なしタンドゥーリ・チキンといった趣のチキン・ティッカといった料理の名前が、真っ先に目に飛び込んできます。これらがこの店の売りのようです。野菜の料理や揚げもの、サラダなどもありますが、どうも今一つぱっとしません。

タンドゥールの次がメインの料理。いうまでもなくカレーです。

まずはチキンから。なかなか充実しています。定番のチキンカレーの他に、よくその名を知っているバター・チキンやホウレンソウ入りのサーグ・チキン、頼んだことのないチキン・マサラやチキン・コルマといった名が見えます。

マトンに目を移すと、やはりマトンカレーの他、ローガン・ジョッシュやマトン・コルマ、サーグ・マトンなど。チキンの方がメニューの数はやや多いような気がします。

野菜カレーではナブラタン・コルマにベジタブル・ジャルフレージー、アル・ゴビ、パラク・パニール、チャナ・マサラといった料理の名が見えます。挽き割り豆を使ったダールカレーという項には料理が少なく、わずかにダール・フライというのがあるだけでした。

シーフードはフィッシュカレーとシュリンプ・バター・マサラの二種。ご飯は普通の日本米のライスとサフラン・ライス。むしろパンの方が種類は多く、おなじみのナーンの他、カブリ・ナーンにマサラ・クルチャ、バトゥーラといった見知らぬものまでありますす。サラダはグリーン・サラダとヨーグルト・サラダであるライタ、さらに裂いたタンドゥーリ・チキンを生野菜と混ぜたというチキン・サラダというのに惹かれます。飲みものはコーヒーや小びんのビールに混じって、チャイとラッシーの名が気を惹きます。デザートはニンジンのミルク煮ガジャル・ハルワ、インドのアイスクリームであるクルフィ、お米のミルク煮キールの三種類。

あなたはさんざん迷った末に、タンドゥーリ・チキンとシュリンプ・バター・マサラ、それにナーンをオーダーしました。ドリンクはラッシー。

しばらくすると料理が運ばれてきました。タンドゥーリ・チキンは鮮やかな赤い色をしています。シュリンプのバター・マサラはトロトロとなめらかでした。タマネギなどはすべてよく煮込まれているのでしょうか、形がありません。ナーンをちぎり、カレーにひたしてから一口頬張ると、生クリームの風味が口一杯に広がりました。カシューナッツをヨーグルトとともにすりつぶしたペーストも入っているそうです。そのようにメニューに書いてありました。食べ応えのあるリッチでゴージャスな味わいに、あなたはひとしきり満足します。

タンドゥーリ・チキンをナイフとフォークでまどろっこしげに食べながら、あなたは横のテーブルをこっそり眺めてみます。カップルが食事しています。ほとんどあなたと同じ料理をオーダーしたようです。男性の方はチキンのカレーをナーンで食べているようです。やはりトロッとしてなめらかそうなカレーです。女性はいろいろな野菜を小さくカットして具にしたカレーを、これもナーンといっしょに。ナブラタン・コルマという料理のようです。これもトロリとしたマイルドなカレーソースが使われているように見えました。

あなたは料理を全部食べおわり、甘酸っぱいラッシーをストローからチュルチュルとすすりながら、ぼんやり反復してみます。タンドゥーリ・チキンのスパイス感はとてもよかったけれど、鶏肉がちょっとパサつき気味な気もしました。カレーもとてもおいしかったのですが、すでにけっこう胃に負担を感じています。食後にチャイとデザートをオーダーするつもりでしたが、ラッシーだけで十分のようです。

あなたはレジでお金を払いながら、この前生まれて初めて行ったインドで食べた料理のことを思いだしました。この店のメニューは、デリーで泊まったホテルのレストランで食べたのとよく似ていますが、それでもどこか違うような気がします。

やはり、胃が少しもたれた感じ。しばらくインド料理はいいかなと考えながら、あなたは家路につくのでした。

この話はあくまでフィクションです。まあ、私や知人の経験をもとにシミュレートしたもの、と考えていただければいいでしょう。が、けっこう日本での標準的なインドレストランの実態をいい表しているとも思われます。もう少し詳細を見てみましょう。

インド料理店にタンドゥールは必須？

まず、レストランの立地構造とメニュー構成。これがきわめて特徴的かつ類型的です。

タンドゥールと呼ばれる土窯が店内に設置されています。タンドゥールで焼いた肉やシーフード、野菜の料理をタンドゥール料理といいます。ナーンもタンドゥールで焼いたインド式のパンです。

タンドゥールで素材を焼くと、輻射式の超高温と土窯の構造からくるスモーク効果で独特の風味と焼き色が付加されます。この点オーブンとの差異は決定的で、できあがりのおいしさがまるで違います。タンドゥールと同形態の土窯はエジプトやモロッコあたりからインド、中国まで、主にイスラム教徒のいるエリアに合致して分布しています。

インドではもともと、パキスタンに接する北西部のパンジャーブ地方や首都のデリーなどで、よくタンドゥールは使われていたようですが、インド国内全般にその名前が知られるようになったのは第二次世界大戦直後、インド独立（一九四七年）の前後からであるという話を聞いています。現在、デリーやムンバイの下町に行くと、ドラム缶で作った簡易タンドゥールで小さめのナーンをせっせと焼いているような光景に出会うことがよくありますが、インドにおいてナーンやタンドゥーリ・チキンが一般化されたのは、それほど昔のことではないようです。

特に、タミル・ナドゥ州やアーンドラ・プラデーシュ州、ケララ州、カルナータカ州という南インドのレストランでは、ベジタリアン料理がメインであることもあって、本来北インドのノンベジ料理用であるタンドゥールは、いまだに重要視されておらず、タンドゥールなしのレストランが多いのです。中にはなぜか南インドの菜食料理店で、タンドゥールで焼いたというナーンを提供するところもありますが、本場のおいしさを知る者にとっては、似ても似つかない変わったナーン（ペラペラと薄く貧相で、まるで別もの）の登場に驚くことがあります。ノンベジ・レストランにしても、タンドゥール料理をメインにしている店は、北インド系の専門店や高級ホテルを除いて、容易に見つけられません。

インドに行けば、どの地方のどのレストランでもナーンやタンドゥーリ・チキンといったタンドゥール料理が食べられるというわけではありません。

昔からタンドゥール料理の盛んなパンジャーブ地方やデリーのイスラーム人街でさえ、家庭にタンドゥールがあることはまれで、専門の料理店でナーンなどをテイクアウトするのが普通です。

日本ではどうでしょう。日本人であれ、インド人であれ、インド料理店を経営する場合、タンドゥールの導入はほとんど常識です。

とある関係者に聞いたところ、

「日本では、ナーンがないと本格的なインド料理でないと考えるお客がほとんどだから、みんなこぞってタンドゥールを入れるんだよ」

といっていました。つまりインド料理店として看板を掲げた以上、ナーンやタンドゥール窯を設置しないとお客を見込みにくいということです。

実際、インド料理店といって連想するのはこのタンドゥールである、という方が多いと思います。インド料理＝タンドゥールという図式ができあがっているのが、日本でのインド料理における常識。しかし、この常識は本場インドの料理について総括したとき、必ずしも当てはまりません。

カレーについても同様です（発音や表記については「カリー」などもありますが、本書ではごく一般的に「カレー」とします）。先の話に登場したカレー（カレーをインド式に正しく解釈した場合、該当しない料理も混じっています。そもそもカレーの定義を詳しく述べたいところですが、ここでは簡単に、汁のあるスパイス料理としておきます）はどれもネーミングから判断しますに、タンドゥーリ・チキンなどと同じパンジャーブ地方の料理と、ムガル宮廷風料理に分類されるものがメインです（ムガル帝国はかつてインドの大半を支配したイスラーム王朝）。しかも「ソースがトロトロとスムーズ」という点から、家庭料理というより典型的なレストラン方式のレシピであることもわかります。

「タンドゥール窯の導入」と「スムーズなソースのカレー」からいえること。

それは、日本のインド料理の多くは、パンジャーブ料理とムガル宮廷料理のアレンジであるということです。

中国料理では北京・上海・広東・四川の四大料理があることが知られていますし、それらの専門店が各地にあります。多民族が一つの亜大陸で共存している点でインドに似ているヨーロッパにしても、フランス料理とイタリア料理はきちんと区別されて認識されていますし、最近ではわざわざ「南フランス料理の専門店」というふうに、よりアイデンティティを明確にした紹介がされています。

ところがインド料理は違うのです。日本のインド料理事情は、いわば広東料理だけ食べさせられて、これが中国料理だといっているようなところがあります。日本人は多様性たっぷりのインド料理世界のうちの、ごくごく一部を味わうだけで満足させられているのです。これは本場インドの料理全般をこよなく愛好するものにとって、少し残念なことです。

◎本場のインドカレーは胃もたれしない

こうなった理由については、インド本国におけるレストランの発生・伝播の歴史的経緯に関係があります。

インドでは、外食するということ自体もともと一般的でなかったのです。ヒンドゥー教の教えには、一般にいうところの衛生観念とは異なった意味での、独特の浄・不浄の観念があります。穢《けが》れの思想ともいえ、俗にいうカーストの考え方の表裏をなしたものですが、調理および食事という行為にもそれは適用されます。具体的には、自分より低位のカーストが料理に触れたり、調理に携わるのを嫌うとか、異カースト者と食事をするのはダメといった考えです。

ですから、自分の見えないところで、どこの誰がどのように作ったかわからないものを食べさせられるという外食は、もともとこうした思想に反するものであり、一般化しにくいものでありました。今では、インドの都市生活者の多くは一見ごく当たり前に外食しています。が、それでも一番はやっぱり家庭料理だ、という人が多いのも、味の面もさることながら、こうした浄・不浄の考えが反映されたものだともいえます。

また料理人に最上位カーストのバラモンが携わっているのが意外に多かったりするのも、こうした考えの結果といえましょう。

このように、外食ということがもともと精神衛生的・観念的にあまりプラスでなかったインドで、レストランのようなものが本格的に普及しはじめたのは、独立以後のことだそうです。

インドは独立の際、インドとパキスタンという二つの国家に分離して独立しました。その際、両国の境界であったパンジャーブ地方の人々がどっと首都デリーになだれ込みました。彼らは生活の糧として、自分の出身地の料理を作ってサービスするというレストラン業を営みだしました。これがやがてタンドゥーリ・チキンやバター・チキン、ナーンをメインとしたパンジャーブ料理レストランとして社会的に定着し、ひいてはインド外食界の主流を占めるようになったのです。

一方、首都のデリーにはムガル帝国時代からの長いイスラーム料理の伝統がありました。生クリームやヨーグルト、ナッツのペーストを使ったリッチな味わいのカレーや、細長くてもっちりとしたパンジャーブ式と異なる、丸くてふんわりとしたナーンは、イスラーム料理の華ともいえるムガル宮廷料理ならではの特徴といえます。こうしたムガル宮廷料理もパンジャーブ料理とともにインドレストランビジネスの発展に合わせ、デリーからインド全体、そして世界へと広がって行きました。

もう一つ申し上げれば、パンジャーブ、イスラーム料理とも家庭料理はよりシンプルで胃にもやさしいのですが、レストラン用にアレンジされた場合、大量のタマネギを炒めるために油の量も多くなり、リッチかつスムーズなカレーソースに仕上げるため、ナッツ類をすりつぶしたペーストや生クリームの消費量も増えます。パンジャーブやデリーの家庭料理はもっと胃にもやさしくオイルも控えめで食べやすいことを、頭に入れておいてください。

こうした流れは日本でのインド料理普及にも当然影響しています。現在、日本の多くのインド料理店でパンジャーブ料理やムガル宮廷料理の影響が強い、ややオイリーでヘビーなレストラン系カレーがよく食べられますが、それらはインド本国の状況に似ています。

もちろん、インドに行くとパンジャーブ料理やイスラーム料理以外のさまざまなインド料理もレストランで楽しめますが、まだまだ日本はそうした状況には至っていないようです。

本場の料理はこんな感じ

◎家庭料理こそ神髄

「本場本物のインド料理とは何か？　どのようなものか？」と問われて、納得のいく答えを的確に表現できる人はまずいない、そんな気がします。

何しろインドは多様性の国。その多様性が料理においても体現されます。一括りにして、インド料理とはこういうものだといい切ることなど、とてもできそうにありません。

それでもここは、皆さんに何かイメージをつかんでいただきたいところです。

そう、いささか乱暴ないい方をすれば、「本場のインド料理」とは日本のインド料理とほぼ反対のイメージを指します。

「日本のインド料理＝北西部パンジャーブ地方やデリーのレストラン料理をアレンジしたもの」

この逆をそのまま表すと、

「本場のインド料理＝南東部（南インド、タミル・ナドゥ州あたりでしょうか）の家庭料理のアレンジなし」

となります。偶然ですが、けっこうこれは的を射ています。

さらに忘れてならないのは、

「基本的にインド人はインド料理を、毎日、毎食、食べている」

という事実です。

ときにチャイニーズを食べたり、最近では大都市にハンバーガーショップなどができて繁盛しているというインドですが、それでも食の根幹は、昔からの伝統的なスパイス料理であり、インド人たちは毎食せっせとそうした料理を作っては、おいしいおいしいといって食べているわけです。ですから、私のいう本場のインド料理も、毎日食べられる、あるいは食べられなければならない、そんなインド料理のことをいうのです。

インドの人々が日々料理を食べる最もメインな場所、それはいうまでもなく「家庭」です。つまりは、

「本場のインド料理は、家庭料理こそが神髄だ」

ということになります。

毎日食べられるヘルシーさ

皆さんは、日本の多くのインド料理店で出している料理を毎日食べられますか？油が多めでナッツやクリームでリッチな仕上がり、ということはたまに食べれば大喜びですが、毎日はちょっと、というところでしょう。それにナーンばかりでは、ご飯が恋しいというものです。

こうした欲求を満たせる便利なインド料理の一例が、本書でも紹介しようとしている「タミル・ナドゥ州あたりの南インド家庭料理」なのです。

もちろんインド全国さまざまな家庭料理があります。西インドのグジャラートにはグジャラートの、東インドのベンガルにはベンガルの、北インドにある首都デリーにはデリーの家庭料理があるのです。

これらインドの家庭料理は、地域ごとに調理法や味わいはそれぞれ異なってはいるものの、共通した特徴があります。

①軽くて、胃にもたれないような味つけ。
②レシピもシンプルで、短時間にできあがる。
③一つの素材から幾通りものレシピが楽しめる。
④肉を食べる人でも基本的には菜食中心。
⑤栄養バランスがよくヘルシー。
⑥経済的。

つまりは「毎日毎食、食べられる」「食べ飽きない」ということになるわけです。

「本当だろうか？　日本のインド料理店からは想像できない」

という声が上がるのが容易にわかりますが、これはホントです。しかも日本人である私たちにも、コツさえつかめれば、簡単に作れます。

「おまえは家庭料理、家庭料理とばかりいっているが、それでは本場インドにあるレストランの料理はウソっぱちなのか？　あれはインド料理ではないのか？　ああいうのを作って食べてはいけないのか?」

もちろんそんなことはありません。レストランやホテルの料理も十分魅力的です。ただインドに限らず、レストラン料理というのは、経済効率や労働力に関連した各種制約の上に成り立つものですから、制約の度合いによって当たりはずれが大きいし、インド料理の場合、レシピも複雑で面倒になりがち。

せっかくインド料理を習得するなら、おいしくて簡単な方がいい。その点、家庭料理は私の経験上も、味についてそれほどブレがありませんし、シンプルでコピーしやすい。おすすめです。

2 インド人はこんなものを食べている

北と南じゃこんなに違う

ここからはよりインド料理の世界に接近してみましょう。たかが料理といえども、りっぱな文化です。異文化としてのインド料理に接し、深めていくには、どうしても基礎知識の習得が必要です。そうすることで実際の調理も楽しくなりますし、料理の出来映えも充実するはずです。

そもそも日本を含め洋の東西を問わず、インド関係の書籍・書物では、インドを大まかに南北に分け、対比的に語ることが多いものです。また、日本のいわゆるインド好きという人たちの会話でも、「北はこうよね」とか、「何せまだ南には行ったことがないものですから」といったフレーズが頻発されます。

そこでインド料理理解の第一歩として、北インドと南インド双方の、民族・宗教・文化などの特性の違いについて、なるべくわかりやすく整理してみようと思います。

地理的にいうと

いろいろな意見があると思いますが、私の場合はこうです。

南インドは州でいうとタミル・ナドゥ、アーンドラ・プラデーシュ、カルナータカ、ケララの四州。ほかは北インドとします。インド本国でも南インドといえば、これら四州を指すことがほとんど。

逆に地理的には南インドに含まれそうなゴアの料理には、なるほど南インド的要素も濃厚ですが、オリジナリティが勝っています。だから南インドには入れません。

正確には「南インド」と「南インド」以外というのが適当かもしれませんね。

民族的には

インドは民族のモザイクといわれる国。実際、どこかの街でチャイなどをすすりつつ道行く人の顔など見ていると、この国が日本とは正反対に、おびただしい種類の人種の集まりであることがよくわかります。

それを承知であえていうと、北はアーリア系民族中心。つまり遠くはヨーロッパ人に連なる人々がメインです。体格がよくて、顔の彫りも深く、西洋人に似た顔つきです。アフガンや中央アジアからやってきて先住民族であるドラヴィダ系の人々を追い出し、居座った形になります。

南は、その追い出されたドラヴィダ系中心。比較的小柄で威圧感もなく、柔和な感じの人たち。どこか日本人に親しみやすいキャラクターの持ち主が多い気もします。

宗教は

これも本当は複雑な話ですが、あえてシンプルにいいますと、南北ともヒンドゥー教徒がいちばん多いのは共通ですが、北では随所でイスラーム教が頑張っている。南ではヒンドゥーがあくまで優勢、といえるのではないでしょうか。

◎文化・風俗的には

これも多民族国家であることや宗教の興隆に関連して本来は長い話になりますが、ここは短くいきます。

北ではムスリム的要素が従来からあったヒンドゥー文化とミックスされ、独自のカルチャースタイルを作りました。南ではムスリム色が希薄で、あくまでドラヴィダ・ヒンドゥー文化がメインです。

たとえば音楽でいうと、弦楽器なら北のシタールに対し南のヴィーナ、太鼓なら北がタブラで南はムリダンガム、また古典舞踊でいえば、北のカタックと南のバラタナティヤムの違いです。

◎北と南それぞれを象徴する都市は

これを先にいえば手っ取り早かったかもしれません。私の独断では北を代表する都市は首都のデリー。南の代表はチェンナイです。

これらを総合しつつ、さらに私の好きな南北それぞれの料理スタイルを当てはめると、次のような二つの流れになります。

・北インド↓アーリア↓イスラーム↓デリー↓肉料理
・南インド↓ドラヴィダ↓ヒンドゥー↓チェンナイ↓菜食料理

もちろん、他にもいろいろな要素がありますし、さまざまな組み合わせが考えられます。そんな中、この流れが私のおすすめパターンといえます。

私は北では肉料理をメインに、南ではベジタリアン料理にこだわります。北の菜食料理、南の肉料理にもおいしいものがたくさんあるのは知っています。しかし、難をいえば、安定感に乏しい。いいかえれば、例えばレストランや食堂での当たりはずれが大きいのです。特にビギナーの方がインドに行かれる場合、このパターンで食堂探しをすることをおすすめします。

北の料理、南の料理

食文化のベースが異なりますから、同じインドとはいえ、当然南北でかなり違った料理を人々は日々食べています。ここでは実際に、私が親しくさせていただいている二つの家庭の料理を比較し、北と南の特色を把握することにしましょう。

(北の食卓)

オールド・デリーのムスリム家庭の場合

このお宅は私が北インド料理の師として尊敬している方の実家です。あいにく私が訪ねると、たいてい師匠本人は不在ですが、日本で生活していたこともある料理上手な奥さんや、親戚のやはりプロの料理人の方がおいしい家庭料理をごちそうしてくれます。私は恐縮しつつも「うまい、うまい」を連発して、食べすぎることがしばしば。

これまで食べた中で印象に残ったメニューを私自身のメモから抜粋しました。

◎ある日の夕食

チキン・コルマ……コルマとはヨーグルト（ヒンディー語でダヒといいます）主体のスムーズでマイルドなカレーのこと。大きな骨つき鶏モモ肉。そしてアーモンドとカシューナッツをすりつぶしたペーストをたっぷり使ったぜいたくなカレーソース。あんぱんの上にのっているのと同じケシの実も、ナッツ類といっしょにすりつぶして使っているそうです。タマネギは炒めず、茶色に揚げたフライド・オニオンを使用。コクのある材料が多数登場しますが、意外とあっさりしていました。

マトン・ビリヤニ……インド亜大陸全土で供される豪華な炊き込みご飯。骨つきマトンは骨からハラリとはずれる軟らかさ。マトンのうまみやスパイスの風味を存分に吸い込んだバスマティ・ライス（ビリヤニに用いる最上級の長粒米）はサフラン色が美しかったです。パラリと軽くて、いくらでも食べられそうでした。

チャパティ……全粒粉の薄いパン。無発酵なのでナーンのようにフワフワしていません。おかあさんが、タワと呼ばれる平べったいフライパンのような鉄板の上で次々焼いては、アツアツを出してくれました。ちぎってカレーに浸したり、すくって食べるのですが、全粒粉ならではの素朴な味わいが噛みしめるごとに口いっぱいに広がり、とても美味。ちょっとオイリーなイスラームカレーとも相性ピッタリでした。

サラダ……ダイコン、ニンジン、ビーツ、トマト、タマネギをすべてスライスし、平たいカレー皿に盛り合わせ、レモン汁や塩、ブラック・ペパーをかけただけの素朴なサラダ。野菜自体の味が濃くノンオイルなのが肉カレーには格好のつけ合わせでした。

◎肉を食べるのがよいイスラーム教徒

このお宅は生粋のムスリム（イスラーム教徒）なので、食事の基本は肉料理です。揚げタマネギとヨーグルトをベースにしたチキンのコルマは、骨つき肉をたっぷり煮込んでコクを深めています。インドの家庭では、特にチキンは骨つきで使うことが多いようです。これは骨から出るダシをたっぷりカレーに生かすためというのはもちろん、もともと鶏は生きたまま、または屠鳥してから羽を抜くなど最低の処理をするだけで売られていること、あるいはよく締まった分だけ産肉量が少ないので、骨をはずして肉だけ使うのは面倒だしもったいないから、ということなどに関連していると思われます。フライド・オニオン独特の香ばしい香りとコクのある味わい、ヨーグルトの酸味とさわやかさが特徴で、どちらかというとチャパティやナーンなどパンによく合います。

ライスメニューではやはり豪華な炊き込みご飯のビリヤニがポイント。北と南、イスラーム、ヒンドゥーともにビリヤニを作りますが、このレポートのような北インドのイスラーム式ビリヤニが最高だと私は思っています。北インドのイスラーム教徒はチャパティやナーンなどのパン類を頻繁に食べ、ご飯はむしろ主食として脇役。それだけに、いざ米を主役としてビリヤニを作るときは気合いが入るようです（ただし北インドのビリヤニは作り方が極めて複雑で難しいので、本書のレシピ編では南のヒンドゥー式ビリヤニをご紹介します。もちろん、こちらもとてもおいしいですよ）。

イスラームのパン類については、全粒粉のチャパティはもちろん家庭で作りますが、ナーンは近くのタンドゥールを設置したインド式パン屋で買うようです。

通称「オールド・デリー」と呼ばれるデリーの旧市街では、ムスリムの人たちの住む一角には必ずタンドゥールのパン屋があって、四六時中ホカホカのナーンなどを焼いています。焼き立てを積み上げて売っていますが、かき入れどきは、焼いたそばから売れて行って、見ていて気持ちがいいです。たいていそんな繁盛した店では、巨大な生地をちぎって丸める係、それをのし棒で延ばす係、高温のタンドゥールに手を突っ込むようにして焼いては取り出す係、といった連携プレーで仕事をこなします。やはり最後のパートが最もハードで、ときにランニングシャツ一丁の若者や少年も頑張っています。

生野菜に塩やレモンをふっただけのシンプルなサラダも、肉料理を多食する北のムスリムには欠かせません。デリーからやや離れたバラナシのイスラーム商人のお宅でも、肉料理のサイドディシュで同じものをいただきました。

お客として私がいたのでいつもより肉料理を多くしたのか、と思ったらそうではなく、もちろん野菜のカレーやサブジもよく食べるものの、基本的に肉料理が好きで、登場頻度も高いそうです。「肉を多く食べるのがよいイスラーム教徒」という教えがあるそうですが、そうした考えを地で行っています。

主食（小麦粉食中心）＋メイン（肉のカレー）＋サラダという感じの献立で、主食をご飯にすれば、内容は違えど日本人のカレーライスの献立と似ているのがおもしろいです。


（南の食卓）

チェンナイのヒンドゥー家庭の場合

こちらは南インド、アーンドラ・プラデーシュ州出身でチェンナイ在住の菜食主義のご家庭。お子さんはおらず、ご夫妻だけでした。旦那さんは会社を経営、奥様はクチプディという古典舞踊のダンサー兼先生と、二人とも多忙のため、いつもは専門のコックさんが料理します。コックといってもアーンドラ・プラデーシュ出身の家政婦の女性で、私は彼女を「おばちゃん」と呼びつつ、アーンドラの家庭料理をいろいろ習いました。

ある日の昼食

ご飯……日本米と同じジャポニカ種ではありませんが、北インドで食べる米より丸みがあり、粒も小さめ。ステンレスのプレートに山盛り状態。

ラッサム……南インドの代表的菜食カレー。ペパーウォーターと英訳されます。黒コショウやニンニクを利かせたシャバシャバのスープカレーで、キリッとした辛味とスッキリした酸味が特徴。

コールラビのサンバル……サンバルは野菜入り豆カレーと訳されます。日本では洋野菜として一部のスーパー、デパートで見かけられるコールラビを具にしました。ラッサムよりはトロリとして、ほのかな酸味と豆のコク、スパイスの風味がバッグンでした。

キャベツとムング・ダールのポリヤル……ポリヤルは、南インド風野菜のスパイス炒め

（あるいは炒め蒸し）で、北のサブジに相当しますが、スパイス使いや材料が異なります。使う野菜やレシピもいろいろ。この日のはちょっと手の込んだスタイルでした。

ポディ……ポディとは「粉」のことで、簡単にいうと、いろいろな材料とスパイスを混ぜたふりかけのようなもの。ノンベジ仕様の干しエビや干し魚を使ったものは、まさに日本の「ふりかけ」に似た風味がします。今日のはベースンと呼ばれるヒヨコ豆のパウダーを主材料にした白いポディ。きな粉がスパイシーになった感じでした。

ギー……インド独特の精製バター。食事の最初、ご飯の上にひとたらしして食べるのが南インド流。またいったんポディと混ぜてから、さらにご飯にミックスしたりもします。

モール……脂肪の多いところを除いたローカロリーでサラサラしたヨーグルト。塩やスパイス、ハーブ類で味つけしてから、食事の最後にご飯と混ぜると美味。そのままゴクゴク飲む人もいます。

トマトのピクルス……現地では単数形でピックルとよく呼ばれます。西洋式のと違って、インドのピクルスは材料をマスタード・オイルとスパイスに漬け込んだスパイシーなもの。酢漬けではありません。ヨーグルトとともにご飯に混ぜるとこれまた美味。

パパド……パッパル、パパダムなどともいいます。ウラド・ダール（黒マッペという日本ではもやしになる豆の挽き割り）とスパイスをミックスして乾燥させた、パリッとして塩味の利いたせんべい状のもの。揚げたりあぶったりして、食事に添えます。ラッサムをかけたご飯の上に、さらにパラパラとふりかけて食べるのがおすすめ。

◎南インドのミールスとティファン

ご夫婦ともベジタリアン、肉や魚、卵は食べません。あくまで、野菜、穀類、そして乳製品を使ってバラエティ豊かな食事に仕上げます。それにしても、北とは違った料理を食べているというのが実感です。

南インドの菜食料理には大きく二つの食事形態があります。

一つは「ミールス」といって、後述する北インドの「ターリー」に相当するものです。ただし料理内容もかなり違いますし、何しろ食堂ではバナナの葉っぱを皿代わりに盛られて供されますから（もちろんステンレスのプレートでサービスするところもありますが）独特の醍醐味があります（口絵⑯参照）。

南の多くの家庭では昼や夜がこのスタイルで、パラパラとしたインディカ米のご飯を主食に、いくつかのおかずを用意して食べます。おかずには必ずサンバルやラッサムというシャバシャバの汁カレーと、ポリヤルのような汁のない炒めものが組み合わされます。さらにチャトニやポディ、ピックル、パパド、そしてカード(英語でヨーグルトのこと)などが登場します。盛りだくさんでいろいろな味が楽しめ、毎食飽きることがありません。

あくまで「ご飯+おかず」でワンセットの食事として考えられることと、実際のおかずの味がさっぱりとしてご飯によく合うことから「同じインド料理でも南は和食指向なのだな」と私は考えています。

南のもう一つの食事は、軽食というかスナック的なものです。現地ではこれらを、「ティファン(TIFFIN 本来ティフィンと発音するのでしょうが、なぜかティファンと聞こえます)」と呼んでいます。

具体的には代表的な「ドーサ」や「イドゥリ」の他、「ワダ」「イディヤパン」「ウタパン」「キチャディ」「ウプマ」「ポンガル」などさまざま。多くは水に浸したウラド・ダールを、やはり浸水して水切りした米といっしょに挽いてトロトロの生地にし、さらにそれを発酵させてから焼いたり（ドーサやウタパン）、蒸したり（イドゥリやイディヤパン）、発酵させずに揚げたりしたもの（ワダ）で、「サンバル」や「チャツネ」を添えて食べます（口絵⑫参照）。

ごく一部の例外を除くと、北にはこうした豆や米の料理法はありません。米を粉にしてから加工するのは東南アジアや中国でもやりますし、蒸すという調理法も中国および東南アジア的です。インド料理と中国、東南アジア料理の意外な関連という気がします。食堂やレストランでも一品一〇ルピー前後から食べられますから、地元庶民や格安旅行者の強い味方です。

純然たるティファンとは異なりますが、軽食料理（といっても一品で十分満足できます）としてチャパティとポテトの香味炒め（「チャパティ・マサラ」）、全粒粉の揚げパンである「プーリ」とポテトの香味炒め（「プーリ・マサラ」）、巨大な「プーリ」とチャナ豆のカレー（「チョラ・プーリ」）といった北にも共通するものから、「クルマ・パローター」という南ならではのパイ生地のような小麦粉食とマイルドな野菜のココナッツ煮込みのコンビ、さらには「レモン・ライス」、「トマト・ライス」、「ココナッツ・ライス」、「タマリンド・ライス」、「カード・ライス」、「サンバル・ライス」など南インド独特の米料理などまで、いろいろあります。こうした、軽食の充実も南の特徴でしょう。

南インドではミールスと軽食をうまく組み合わせて楽しんでいます。家庭で朝はドーサやイドゥリ、昼や夜はミールスというのが基本パターンのようですが、おなかの減り具合や体調を考慮して適宜さまざまな食べ方をしているようです。

もし皆さんが南インドへ行くことがあれば、ぜひミールスやティファンにトライしてください。きっと新しい食の世界がひろがります。

◎北インドのベジタリアン

北インドのベジタリアンと南インドのノンベジ料理についても語っておきましょう。

私の頭の中には「北インド=肉カレーがウマい」みたいな公式があるのですが、それでも北インドでメチャクチャおいしい菜食料理に出会ったのもまた事実です。

北のベジというとまず「ダール」、それから「サブジ」、そして「ターリー」について説明しなければなりません。

まずダールは挽き割りの豆で、肉を食べない人々にとって、タンパク質などの栄養の重要な供給源です。インドではムング、マスル、トゥール（アルハル）、チャナ、ウラドという五種類のダールが有名。挽き割りにしない皮つき豆もヒヨコ豆などいろいろ食べますので、味噌に醤油、豆腐といった大豆文化の発達した日本人もびっくりの豆の活用度です（口絵⑮参照）。

南では煮込んだダールにいろいろな野菜の具とタマリンドなどを加えて「サンバル」にしたり、さらに薄めてスープカレーの「ラッサム」にしますが、どちらかというとダール自体は黒子というか、やや隠し味的なニュアンスがあります。

その点、北ではダール自体をメインにしてその味を存分に楽しもうという感じの調理法が多いようです。北の菜食家庭は食事のたびに必ずといっていいほどダールカレーを食べます。ダールを好きになるかどうかで、その後のインド料理との、またインド全体との接し方が決まるといっても過言ではありません。

次にサブジとは、北インド式野菜のスパイス炒め、あるいは炒め蒸しです。シンプルですが、野菜の持つ深い味がして私は好きです。例えばバラナシのサイクルリクシャー（人力車の運転手）のおじさんの家でごちそうになった「アル・ゴビ・マタル（ポテトとカリフラワー、グリーンピースのサブジ）」は、クミン・シード、ターメリック、赤唐辛子粉、塩だけの素朴な味つけでしたが、プーリといっしょに食べると最高においしかったです。

北インドの菜食ではダールとサブジが基本で、それにプーリやチャパティ、「パラーター」（全粒粉で作る、チャパティよりも少し手の込んだレシピのパン）の小麦粉食（ナーンは原料に卵を使うので、本来ベジタリアンは食べません）やライスを合わせます。

北インドのターリー

最後にターリー。これは南のミールスに相当します。日本のインド料理店でもステンレスのお盆（ターリープレートといいます）に少しずついろいろな料理を盛り込んだカップ（「カトゥリ」と呼ばれます）を組み合わせた「ターリーセット」を出しているところがあるのでご存じの方も多いと思います（口絵⑯参照）。

ターリーにも地方ごとにいろいろな種類、特徴がありますが、個人的におすすめなのがグジャラート料理のターリー。ムンバイに行くと食べる機会が多いです。ご飯もおかずもお代わり自由な南のミールスと同様に、グジャラートのターリーも基本的に食べ放題です。同じ菜食カレーや野菜のスパイス炒めでも、南とは異なった味つけ。全体的にシンプルですが、深い味わいに感動します。

ターリーでもう一つ思い出すのは、駅の食堂や列車内で提供されるものです。ここでのターリープレートはカトゥリなしで、それぞれ料理を盛る位置のくぼんだ、社員食堂や学生食堂のトレイのようなタイプ。料理自体も何とも形容しがたいチープさが特徴で、シャバシャバの薄いダールと、具がほとんどなく水っぽい野菜カレー、ジャガイモだらけで芸のないサブジ、ときに石すら混じったパラパラでうまみのないライス、においのキツいヨーグルトなどで構成されています。インド人の中には「インドで最もまずくてダメな外食メニュー」の代名詞に挙げる人もいるようですが、私はなぜか好きなのです。特にそのチープさ加減が気に入っており、たまに日本でも再現してみることがあります。おいしくはないけれど印象に残るメニューの好例です。

◎南インドはシーフードもうまい

一方、南の非菜食料理はどうしても菜食メニューに押され気味で肩身の狭い思いをしています。それでもやはりおいしいものはあります。代表はシーフード料理とビリヤニでしょうか。

南インドのエビカレーや魚のフライはおすすめです。材料が新鮮なのと、シーフードのクセを取りうまみを引き出すスパイスやハーブ、ココナッツやタマリンドなどを豊富に使った調理術が絶妙で、ご飯もすすみます。チェンナイやコーチンなど海に近い街のレストランでぜひオーダーしてください。

スパイスの利いたカレー炊き込みご飯であるビリヤニも試してみる価値があります。北インドではマトンやチキンなどお肉のビリヤニがメインですが、南では野菜ビリヤニのレベルが高いのが特徴的。ビリヤニには野菜とヨーグルトをあえたライタやパチャディ（パチャリ）がよく添えられます。

南インドの肉料理なら、ココナッツたっぷりのマイルドな煮込みカレー「クルマ」や、ブラック・ペパーを利かせた炒め煮込みの「ペパーフライ」など、おいしいものがあります。チャンスがあったら、ご自分の目と鼻と舌で確かめるといいと思います（口絵⑯参照）。

3 まずは基本のレシピを作ってみよう

いよいよここからが本番。本場仕込みのインド料理の調理開始です。

まずはベーシックなレシピのチキンカレー（トマトとヨーグルトを使った北インドのスタイル）で肉料理の基本を習得していただきます。

さらにポテトとカリフラワーのスパイス料理「アル・ゴビ」を、同じ材料、同じスパイスを使って、北インド・スタイルの三つのレシピで作り分けてみましょう。その三つとは、

①材料を生のまま炒めてから蒸し煮する調理法。汁なしの「サブジ」となります。

②材料を炒めてからお湯を加える調理法。汁のある「カレー」になります。

③あらかじめ材料を下ゆでし、別に用意したソースと合わせて煮込む調理法。これもサブジ、または「マサラ」と呼ばれます。

この三種類のレシピで作ることによって、野菜料理の基本的な調理プロセスとコツを伝授します。

なお、スパイスについては第二部で詳述しますが、以下のレシピの中で「パウダー・スパイス」というのは粉状になったもの、「ホール・スパイス」というのは粉にしていない、つまり原型のまま、あるいは粒状のままのスパイスのことです。この項では、ちょっと気の利いたスーパーでなら手に入るものしか使いませんので、ご安心ください。

ベーシックなチキンカレーを作ろう

まずは、北インドの基本的な調理法によるチキンカレーを作ってみましょう。南の肉カレーも素材が違うだけで、原則的に同じ手順です。いわばこれがインドの肉料理の入門編。ご飯にもパンにも合います（口絵①参照）。

✺まかない風・北インドのチキンカレー（トマトとヨーグルトベース）

材料（四人分）　皮なし鶏モモ肉二枚（四〇〇〜五〇〇グラム）、タマネギのスライス一個分、ジンジャー・ガーリック・ペースト（ショウガとニンニク同量のすりおろし。大きめのニンニク一かけと同量のショウガを用意し、おろし金ですりおろしたら、同じ容器に入れて混ぜておけば所定の量になるはず。以下、すべてのレシピに共通）大さじ一、ホールトマト二分の一カップ、ヨーグルト二分の一カップ、シシトウの小口切り四本分またはピーマンの細切り一個分、香菜のみじん切り少々（なければ省略）、サラダ油大さじ三、塩小さじ二、水二カップ

ホール・スパイス……シナモン・スティック三センチ、クローブ二粒、カルダモン四粒、ブラック・ペパー一〇粒、ベイリーフ一枚（ないものは適宜省略）

パウダー・スパイス……ターメリック小さじ二分の一、赤唐辛子粉小さじ二分の一、コリアンダー小さじ二

仕上げのスパイス……ガラム・マサラ小さじ一

主な調理器具　直径二〇センチ程度の鍋、フタ、おろし金

所用時間　五〇分

調理

①底の厚い鍋に、多めにサラダ油を入れ中火にしたら、ホール・スパイスを加える。
②鍋をゆすりながら油にスパイスの香りを移すよう熱する。
③スパイスから泡が出ていい香りがしてきたら、タマネギを入れ、最初は強めの中火で炒める。「弱火でじっくりあめ色に」炒める必要はない。
④少し色がついてきたら火を弱め、炒め続ける。
⑤最終的に全体が黄金色から茶色に色づくまで炒める。所要時間一〇〜一五分。
⑥弱火にしてジンジャー・ガーリック・ペーストを加える。
⑦シシトウかピーマン、ホールトマト、あれば香菜も加えて中火にし、かき混ぜながら沸騰させる。沸騰したらホールトマトをつぶすようにして、そのまま一分ほど炒める。
⑧再び弱火にしてヨーグルトを加え、サッと混ぜる。
⑨弱火のままパウダー・スパイスと塩を入れたら中火にし、水を一カップ注いで沸騰さ

せる。

⑩沸騰したら、少し火を弱め二〜三分煮込む。ちなみにインドカレーではアクは取らない。

⑪少しトロみが出たらマサラ（カレーソースのこと）の完成。これに鶏肉を加え、かき混ぜながら中火でしばらく炒める。

⑫二〜三分して鶏肉の表面が白くなったら、ヒタヒタまで水を加える（約一カップ）。

⑬フタをして、一〇分ほど煮込む。

⑭仕上げにガラム・マサラを加えたら、少しカレーソースの濃度が増すよう、フタを取ったまま二〜三分煮込む。

⑮塩で味を調え、お好みで刻んだ香菜をふりかける（どちらも分量外）。

おいしく作るコツ

・まずはタマネギの炒め方。こがさず、それでも黄金色から茶色に色づくよう炒めることが大事です。また北インドの肉カレーはタマネギをよく炒め、色をつけた方がおいしいです。

・鶏肉については、インド人は基本、皮なしで調理します。皆さんは皮つきでもかまいませんよ。ただ、できあがりに油が多く浮きますので、その点ご了解ください。
・スパイスと塩を加えたら、必ずきっちりと沸騰させ少し煮込みましょう（⑨⑩）。スパイスの粉っぽさが消え、香りや味わいが十分に出てきます。
・⑪⑫の工程も重要です。鶏肉を入れて炒めることによりタマネギが早く溶けますし、鶏肉にスパイスの風味が浸み込み、より香り高い仕上がりになります。
・最後の決め手は塩加減。塩が少ないと、スパイスをはじめとした味わいが前に出ません。もちろん塩辛すぎるのもダメ。レシピ通りに入れて、後は経験則で微調整を。

どうですか？　うまくできましたか？　普通の白いご飯にも合いますが、「プラオ」と呼ばれるスパイス風味の炊き込みご飯（レシピは後述）で食べるのも格別です。意外なところではバゲットやハード系のパン、ベーグルなどにもピッタリです。インド式サラダのカチュンバル（これもレシピは後述）なども添えてみてください。

北インド式チキンカレーのレシピ一つにも、学ぶべき点がたくさんあることに気づいていただけたかと思います。この中には、この先大いに役に立つ、インド料理のエッセンスが満載されています。ぜひ、何度か試してご自分のものにしてください。

野菜料理の基本をマスターしよう

インド料理には野菜を使ったメニューが星の数ほどあります。ここでは代表的な調理法について格好なサンプルとなるものをご紹介しましょう。

私がセレクトしたメニューは、北インド料理で俗にいう「アル・ゴビ」というものです。文字通りに訳すと「ジャガイモとカリフラワー」。その名の通り、これら二つの野菜を、スパイス風味で炒め煮した料理を指します。汁気がないのが普通です。

ここではそうした炒め煮のスタイルを二種類と、汁のあるカレーを一種類、計三種類を、どれも同じ材料、同じスパイスで作ります。

なお、野菜の組み合わせはいろいろ変えられます。代表的なものとして、ジャガイモとグリーンピース（アル・マタル）、ジャガイモとニンジン（アル・ガジャル）、ジャガイモとキャベツ（アル・バンドゴビ）、カリフラワーとグリーンピース（ゴビ・マタル）といったものが、同じスパイス、同じレシピで作れます。

この「アル・ゴビ」も、カリフラワーをブロッコリーに代えてもオーケーです。カリフラワー同様、加熱しすぎに注意しましょう。

✴アル・ゴビ①サブジタイプ

材料を生のまま直接炒めて、蒸し煮にするスタイル。汁なしのサブジとなります。

材料（四人分）　ジャガイモ三個（四〇〇グラム程度）、カリフラワー大二分の一個〜小一個（正味二五〇〜三〇〇グラム）、トマトの粗みじん切り一個分（刻んで一カップ）、シシトウの小口切り四本分（なければピーマンの細切り一個分で代用）、ショウガのすりおろし小さじ二、ショウガの千切り大さじ一強程度、塩小さじ二分の一、サラダ油大さじ二、刻んだ香菜ひとつまみ（なければ省略）

ホール・スパイス……クミン・シード小さじ一

パウダー・スパイス……ターメリック小さじ二分の一、赤唐辛子粉小さじ二分の一、ガラム・マサラ小さじ二分の一

主な調理器具　フライパンか中華鍋、フタ、おろし金
調理時間　三〇分（下ごしらえを含む）

下ごしらえと調理

①ジャガイモは皮をむき、一センチ大にカットする（生で蒸し煮にするので小さめがいい）。カリフラワーは小房に分け、火の通りと食べやすさを考えた均等サイズにカット（初心者はやや大きめの方が煮崩れず無難）。
②フライパンか中華鍋にサラダ油を入れ中火にしたら、クミン・シードを入れる。
③クミンが油の中でチリチリとしていい香りがしたら、弱火にしてショウガのすりおろしを加え、サッと鍋をひと混ぜする。
④トマトとシシトウを入れ、トマトを煮つぶす感じでザックリと中火で炒め合わせる。香菜があれば、ここで入れる。
⑤トマトがつぶれたら弱火にして、ターメリック、赤唐辛子粉、塩の半量程度を加え、さらに一分ほど炒める。
⑥少し火を強めてジャガイモを加え、全体を和えるようにして混ぜる。

⑦こげつき防止に水大さじ二程度(分量外)を足したら、フタをして弱火で蒸し煮にする。
⑧数分してジャガイモに七割程度火が通ったら(まだ硬めがいい)、カリフラワーを入れ、ガラム・マサラ、ショウガの千切り、残りの塩も加えたら(カリフラワーに味をつけるため)、全体を軽く混ぜる。
⑨再びフタをして、カリフラワーを崩さないようときどき混ぜつつ五分ほど蒸し煮にする。
⑩カリフラワーに火が通ればできあがり。塩で味を調え、お好みで刻んだ香菜をふりかける(どちらも分量外)。

おいしく作るコツ

・ジャガイモとカリフラワーの火の通り具合を合わせるため、カットサイズを変え、加熱も時間差にします。インドではたいていジャガイモとカリフラワーを同時に鍋に入れて、じょうずに仕上げますが、日本のカリフラワーだと火が入りすぎます。
・⑦のこげつき防止の水はたくさん入れすぎないように。

できあがりは汁気のないドライタイプ。いわゆる「サブジ」と呼ばれる野菜のスパイス炒め蒸し煮です。

サブジの調理法にはいろいろあります。例えばトマトやショウガを入れず、メインの素材だけをスパイスで蒸し煮するなんてやり方もあります。どの方法にせよ、サブジは野菜の持ち味をスパイスとの炒めや蒸し煮によって最大限に引き出す調理法です。あまり汁気を残さず仕上げたいものです。

汁のある料理、例えば先のチキンカレーといっしょに食卓に供してください。お弁当のおかず、あるいはビールやワインのお伴にもピッタリです。

✺アル・ゴビ② カレータイプ

材料を煮込んで仕上げるカレータイプです。

材料（**四人分**） ジャガイモ三個（四〇〇グラム程度）、カリフラワー大二分の一個～小一個（正味二五〇～三〇〇グラム）、トマトの粗みじん切り一個分（刻んで一カップ）、シシトウの小口切り四本分（なければピーマンの細切り一個分で代用）、ショウガのすりおろし小さじ二、塩小さじ一、サラダ油大さじ二、刻んだ香菜ひとつまみ（なければ省略）、水二カップ程度

ホール・スパイス……クミン・シード小さじ一

パウダー・スパイス……ターメリック小さじ二分の一、赤唐辛子粉小さじ二分の一、ガラム・マサラ小さじ一

主な調理器具　フライパンまたは中華鍋、フタ、おろし金

調理時間　三〇分（下ごしらえを含む）

下ごしらえと調理

①ジャガイモはサブジより大きい二〜三センチ角の一口大、カリフラワーはサブジ同様小房に分け、火の通りと食べやすさを考えた均等サイズにカット（初心者はやや大きめの方が煮崩れず無難）。

②フライパンか中華鍋にサラダ油を入れ中火にしたら、クミン・シードを入れる。

③クミンが油の中でチリチリとしていい香りがしたら、弱火にしてショウガのすりおろ

しを加え、サッと鍋をひと混ぜする。

④トマトとシシトウを入れ、トマトを煮つぶす感じでザックリと中火で炒め合わせる。香菜があれば、ここで入れる。

⑤トマトがつぶれたら弱火にして、パウダー・スパイス、塩を加え、一分ほど炒める。

⑥少し火を強めてジャガイモを加え、全体を和えるようにして混ぜる。

⑦弱めの中火でジャガイモがなじむよう三分ほど炒め煮にする。

⑧二カップの水を加え、フタをして弱火でジャガイモに七割程度火が通るまで（まだ硬めがいい）、煮込む。

⑨カリフラワーを入れ、さらに分量外の水でヒタヒタに調整した上（なるべく水は足さない方がおいしい）、フタをしながら弱火で五分程度煮込む。

⑩カリフラワーに火が通り、カレーソースに少しトロみが出たらできあがり。塩で味を調え、お好みで刻んだ香菜をふりかける（どちらも分量外）。

おいしく作るコツ

・ジャガイモとカリフラワーの煮え具合に注意しましょう。カリフラワーがあまり軟らかいとおいしくないです。極端にいえば、ジャガイモに完全に火が通ってからカリフラワーを加えるくらいのイメージがいいと思います。

・カレーソースがあまり多すぎると味が薄まっておいしくありません。ガラム・マサラを増量し、他のパウダー・スパイスと同時に入れるのも、グレービー（カレーソースのこと）の味わいを早くから安定させ、濃度をつけるためです。

タマネギ、ニンニクの入らないピュアベジタリアンと呼ばれるタイプの北インド風家庭料理です。③でタマネギのみじん切り二分の一個分や、ニンニクのすりおろし一個分を加えて炒めて調理しても美味です。

✺アル・ゴビ③ マサラ系サブジ

材料を下ゆでしてから、炒め、蒸し煮にするスタイル。「アル・ゴビ①」よりもビギナーには親しみやすいレシピです（口絵①参照）。

材料（**四人分**）　ジャガイモ三個（四〇〇グラム程度）、カリフラワー大二分の一個〜小一個（正味二五〇〜三〇〇グラム）、トマトの粗みじん切り一個分（刻んで一カップ）、シシトウの小口切り四本分（なければピーマンの細切り一個分で代用）、ショウガのすりおろし小さじ二、ショウガの千切り大さじ一強程度、塩小さじ二分の一、サラダ油大さじ二、刻んだ香菜ひとつまみ（なければ省略）

ホール・スパイス……クミン・シード小さじ一

パウダー・スパイス……ターメリック小さじ二分の一、赤唐辛子粉小さじ二分の一、ガラム・マサラ小さじ二分の一

主な調理器具　フライパンまたは中華鍋、フタ、おろし金

調理時間　三〇分（下ごしらえを含む）

下ごしらえと調理

①アル・ゴビ②同様、ジャガイモは大きめの二〜三センチ角の一口大、カリフラワーはサブジ同様小房に分け、火の通りと食べやすさを考えた均等サイズにカット（初心者はやや大きめの方が煮崩れず無難）。

②ジャガイモとカリフラワーをそれぞれ、分量外の塩少々を入れたお湯でゆでておく。このときお湯一リットルに対し、ターメリック小さじ二分の一程度を加えると色よく、そして香りよく仕上がる。どちらもゆですぎに注意。特にカリフラワーは歯触りが残るくらいの方がおいしい。ゆで上がったら水切りしておく。
③フライパンにサラダ油を入れ中火にしたら、クミン・シードを入れる。
④クミンが油の中でチリチリとしていい香りがしたら、弱火にしてショウガのすりおろしを加え、サッと鍋をひと混ぜする。
⑤トマトとシシトウを入れ、トマトを煮つぶす感じでザックリと中火で炒め合わせる。香菜があれば、ここで入れる。
⑥トマトがつぶれたら弱火にして、ターメリック、赤唐辛子粉、塩の半量程度を加え、さらに一分ほど炒める。これでマサラの完成。
⑦ジャガイモを加え、軽く混ぜる。
⑧ジャガイモにソースが絡んだらカリフラワーを入れ、ガラム・マサラ、ショウガの千切り、残りの塩も加え（カリフラワーに味をつけるため）、全体を軽く混ぜる。
⑨フタをして、カリフラワーを崩さないようときどき混ぜつつ三分ほど蒸し煮にする。

⑩ソースが野菜によくなじめばできあがり。塩で味を調え、お好みで刻んだ香菜をふりかける（どちらも分量外）。

おいしく作るコツ

・野菜の下ゆで加減が重要。できあがりを考えてやや硬めに。特にカリフラワーはゆですぎに注意しましょう。

・塩加減にもちょっとした心遣いを。ゆでたときの塩味を差し引いて味つけしてください。生のまま蒸し煮にするサブジとは塩加減が少しだけ異なります。

トマトやスパイスで作るベース、つまりマサラに野菜を絡めるようにして短時間に仕上げるレシピ。本場のレストランやホテルなどでよく用いられる手法で、ジャガイモやカリフラワーは素揚げされることもしばしばですが、ここではよりヘルシーにゆでました。野菜のゆで加減さえマスターすれば、生のまま蒸し煮にするよりも手軽に安定感のある仕上がりが楽しめます。

同じ野菜を使っても北インドのベーシックな手法から異なったメニューができること、おわかりいただけたでしょうか。すなわち、

①「サブジ」と呼ばれる炒め蒸し煮。極力野菜の水気を利用して蒸し上げ、素材のうまみを引き出します。
②汁のある、いわゆる「野菜カレー」。汁気のある分うまみが拡散しやすく、スパイスの生かし方に加え、水気の調整と塩加減がポイントになります。
③下ゆでした野菜を、あらかじめ作った「マサラ」と呼ばれるベースと合わせて仕上げる調理法。レストランでもよく用いられるスピーディなレシピです。

どれも慣れてしまえば、それほど難しくはありません。しかも素材を変えることで、さまざまなバリエーションを楽しめます。味をまとめやすく手にも入りやすい点でジャガイモを中心にし、そこにキャベツ、グリーンピース、ニンジン、ナス、インゲンなどを組み合わせるのがいいと思います。原則的に火の通りにくい素材および形態のものから鍋に入れていけば大丈夫、まず失敗はしません。

第2部 理論編

おいしく作るためのポイント、あれこれ

1 スパイスの役割とそろえ方

皆さんご存じでしょうが、インド料理で「カレー粉」は使いません。また、「四〇種類のスパイスを使用した秘伝のインドカレー」みたいなことを語る店がありますが、本場のインド料理の場合、一つのカレーにそんなに多くの種類のスパイスを使うことはまずありません。私の師匠の一人であるインド人シェフも「そんなに使うのは面倒くさいし、頭がこんがらがってしまう」そうで、「意味がない」といっていました。

ここでは、インド料理をおいしく作るためにそろえておきたいスパイスの紹介と、カレーが格段においしくなるガラム・マサラの配合などについて語ります。

主要なスパイスの分類と紹介

インド料理に使うスパイスは、まず、その形態から二つのタイプに分けられます。

パウダー・スパイス……粉末になったスパイス。料理の途中、または最後に入れます。香りは強いのですが、湿気を吸いやすく、変退色や香りの飛びが早いのが難点。

ホール・スパイス……種のまま、または原形のスパイス。料理の最初にそのまま油に入れて香りを出しながら加熱するのがもっぱらですが、すりつぶして料理の途中や最後にも使います。粉に比べ、はるかに日持ちします。

今ではデパートや高級スーパーのスパイス売り場に行けば、さまざまなスパイスを比較的手軽に手に入れることができます。このとき、同じ名前のスパイスでもパウダーになったものと、ホールのものがあって、選択に困ることがあるかもしれません。

例えば「コリアンダー・シード」と「コリアンダー・パウダー」、「シナモン・スティック」と「シナモン・パウダー」という具合です。ホールのものを買ってきて自分で挽けばそれでよいかというと、実は違います。いちいちシードを粉にするのは面倒なものですし、やたらと硬いためにきれいなパウダーになりにくいものもあります。またそれ以上に、根本的に使い方が異なるケースも多いのです。

インド料理のスパイスは、その使い勝手から、

・パウダーとホールを両方そろえなくてはいけないもの。
・パウダーだけあればいいもの。
・ホールやシードだけでいいもの。

と分類して、それぞれ用意するのがいいと思います。

◎メニューに合わせてそろえていきたいスパイス

インド料理に必要なスパイスを紹介します。

なお、ここで紹介するスパイスをすべて一度に買う必要はありません。メニューに合わせ順番に買いそろえていくのがいいと思います。

ターメリック・パウダー……ご存じカレーの黄色い色の素であり、インド料理で最も多用されるスパイスの一つ。日本では「うこん」として、漢方や染料としても知られています。そのままなめるとほこりっぽくて、わずかに独特の苦みがあります。日本の料理書ではよく色づけの意味が強いように書いてありますが、独特の香りがあることも忘れてはいけません。

赤唐辛子粉（カイエン・ペパー、レッドチリ・パウダー、レッド・ペパー・パウダーなどともいう）……インド料理の辛みの王様。赤唐辛子の粉末です。これもいろいろな料理に頻繁に使います。よく似た名称のスパイスに「チリ・パウダー」というのがありますが、これはメキシコ料理などに使う混合調味料。赤唐辛子粉にクミンやオレガノの粉末等を混ぜた西洋風七味唐辛子で別のものです。気をつけてください。

ホール・チリ（レッド・チリ、ドライ・チリなどともいう）……レッド・ペパー・パウダーの原形、さやつきの赤唐辛子、タカノツメのことです。そのまま料理の最初に油の中に入れたり、ちぎったり砕いたりと、さまざまに使います。洗練されたレストラン料理ではあまり登場させません。インドでは大きさ、形状、辛さや香りで多くの種類があり、料理人も使い分けます。

クミン・シード……カレーの主要な風味を構成するスパイスの一つ。南北ともに多用しますが、特に北インドでは料理の最初に油に入れて香りを出します。パウダーは中近東や、モロッコ、チュニジアなどのマグレブ料理、中南米料理などでも多用されます。

クミン・パウダー……クミンの粉末。通常のパウダーの他、クミン・シードをこげないようにていねいに炒ってから粉末にした、香りのよい「ロースト・クミン・パウダー」も重要なスパイスです。

コリアンダー・パウダー……クミンとともにカレーならではの風味を醸し出し、またトロみづけでも活躍します。大量に使う料理人と、そうでない人がいますが、私は後者。いずれにせよ、きっちり火を通さないと味がなじみませんので注意しましょう。

コリアンダー・シード……暖かい季節に土にまけば、かなりの確率で発芽し香菜が生えてきます。そのまま油に入れて香りを出したり、軽くつぶしてふりかけたり、さらには炒ってからパウダーにしたりと、さまざまな使い方があります。

グリーン・カルダモン・ホール……サフランの次に高価格なスパイスがカルダモン。香りのスパイスの代表です。緑色がかった茶色のさやで、中の種、さやともにいい香りがします。そのまま、または砕いたり、すりつぶしたりして、肉のカレーから炊き込みご飯のビリヤニ、お菓子、チャイまで幅広く使います。

グリーン・カルダモン・パウダー……カルダモンを粉にしたもの。使うたびにホールをすりつぶす方が香りもフレッシュでよいのですが、どうしても粗挽きで歯触りもわるくなりがち。そこでパウダーの出番になりますが、必須というわけではありません。

ブラック・カルダモン・ホール……ビッグ・カルダモンともいいます。北インドのイスラーム系肉料理などに使います。グリーン・カルダモンの甘い香りとはまったく異なる、燻製のようなにおいがします。日本で入手可能ですが、なくてもオーケーです。

クローブ・ホール……日本でも「丁字」として胃腸薬や鎮痛薬の漢方で使いますね。独特の甘い香りが特徴。ただし強い香りなので使い方や量に注意しましょう。ガラム・マサラのとき以外、粉にすることはまずありません。調理の最初にそのまま油に入れて香りを出します。

シナモン・ホール……シナモン・スティックです。甘い香りでクローブと同じような使い方をします。西洋のお菓子作りやシナモン・ティーなどで皆さんもよくご存じでしょう。インドではシナモンより肉厚なカシアも多用するようです。

ベイリーフ（ローリエともいう）……和名は「月桂樹の葉」ですが、インドのものは形もサイズも違う「シナモン・リーフ」や「カシア・リーフ」といわれる別種。香りも少し甘いです。皆さんは市販の月桂樹の葉を使っていただいて十分オーケーです。

メース・ホール……ナツメグの外皮を乾燥させたのがメースで、似たようなものと考えられます。西洋料理ではナツメグをハンバーグなど広範囲に使いますが、インドではメースの方がメジャー。ガラム・マサラやビリヤニ、ムガル宮廷料理などで活躍します。

フェンネル・シード……日本のインド料理店のレジ横に、口直し用として置いてあるのがこれです。西洋料理では魚に合うスパイスとされますが、インドでもその点似ています。南インドのシーフード料理やマサラ（通常のカレーよりも濃度のあるスパイス料理のこと）で多用される他、極北のカシミール料理でも頻繁に使用されます。

マスタード・シード……南インドを代表するホール・スパイスです。調理の最初、油に入れてパチパチとはじかせて使います。よりマイルドな香りの白の方が日本では手に入りやすいので、それでもオーケーです。東インドのベンガル料理ではマスタード・シードをすりつぶしたパウダーを使います。

フェヌグリーク・シード……これも南インド料理で多用されます。使い方もマスタードとほぼ同じ。日本製のカレールーやカレー粉にもほぼ一〇〇パーセント使用されています。ピックルというインド式ピクルス（酢漬けではなく野菜のオイルとスパイス漬け）やネパール料理にも欠かせません。

ブラック・ペパー・ホール……黒コショウの粒です。そのまま粒で、粗くまたは細かく挽いても使います。特に肉料理では北でも南でも活躍します。粉の場合、その都度粒をペパーミルなどですりつぶした方が断然香りがいいです。インド料理ではホールだけ用意すれば十分です。

ホワイト・ペパー・パウダー……白コショウの粉末です。黒コショウと違い、粒や砕いたものは使いません。そのパウダーもイスラーム料理ぐらいしか使いません。

サフラン……高いわりに（高いがゆえに？）使う場面の少ないスパイスの代表。ご飯やお菓子に、ここぞというときだけ登場させます。ターメリックより透明感のある黄色もいいですが、独特の香りも素晴らしいものです。

ポピー・シード……あんパンの上にのっているケシの実です。北インドのイスラームやムグライ料理（ムガル宮廷料理）のマイルドカレー「コルマ」や、南インドのマイルドカレー「クルマ」で、カシューナッツやココナッツといっしょにペーストにして使います。それ以外にはあまり使いません。

アジョワン・シード……クミン・シードに似た小さな粒のスパイスで、より強い香りがします。私の場合サモサや北インドのヨーグルト魚カレー程度にしか使いません。無理して買わなくてもいいでしょうね。

ニゲラ・シード……ベンガルやウッタル・プラデーシュなど北インドの野菜料理に使われます。黒くて三角形の種で「オニオン・シード」ともいわれますが、ネギやタマネギの種ではないようです。ジャガイモやナスのサブジ（スパイス炒め蒸し）に使うとおいしいです。アジョワンなどとともに優先順位の低いスパイスです。

その他のスパイス……パプリカを北インドの肉カレーに使うインド人シェフがいます。色と香りを豊かにするためです。また、南インドのココナッツたっぷりな野菜カレーに「スターアニス」、つまり八角を入れる店もあります。こうした使い方は有効ですが、なくても影響ありませんので本書では省略します。

本書に限らず、私のカレーレシピでまず絶対に使わないのが、タイムやオレガノ、ローズマリーといったヨーロッパ系の乾燥ハーブです。こうした食材を含む「インド料理」ははっきりいって邪道でしょうね。普通は本国インドでも使いません。

❂本格派を目指すならトライしたいスパイス

ここまでのスパイスは、日本国内のスパイス・メーカーが何らかの形で取り扱っているはずです。しかし以下のものは、日本で手に入れるのが少し難しくなります。本書では、各料理のレシピには原則入れるものとして記しておきますが、省略してもオーケーです。ただし、その存在だけは覚えておいてください。どれも個性派ぞろい。日本には似た香りや味のものがないため、代用不可能なものばかりです。

カスリ・メティ……前にご紹介したフェヌグリークの若葉です。日本では乾燥させたものをパックにして、インドやパキスタン、ネパールやバングラデシュ人のやっている食品店などで入手できます。アルファルファーや豆苗を干したようにも見えます。北インド料理で使い、南インドでは原則不要です。ムガル宮廷料理やイスラーム料理のカレーの仕上げに加えたり、ホウレンソウカレー、ヒヨコ豆のスパイス煮込みであるチャナ・マサラの調理の際、活躍します。

カレー・リーフ（カリ・パッタ）……南インド料理の神髄ともいうべき香りを持つハーブです。和名をナンヨウザンショウといい、実際山椒を大きくしたような葉をしています。タウリンが豊富で、コレステロールを低下させ、消化促進や疲労回復を促し、髪の毛にもいいなど健康効果が高いといわれます。現地ではこの葉を枝のまま売っており、ほとんどの料理に若葉を細い枝からちぎってたっぷり加えます。独特の繊細な香りは本来、南インド料理に欠かせません。日本ではドライ（乾燥）で売られていることが多いですが、もちろんドライでオーケーです。

ヒング（英名アサフェティダ）……アギという樹木のエキスを樹脂化させたもので、固形のものと粉末になったものがインドで買えます。固形のものを見ると松ヤニを固めたみたいでとても食べられそうにもありませんし、そのままの香りはカメムシというか、はたまた半乾きの雑巾のようで、日本人の味覚から隔絶した感じがします。ところがこれを少量、細かくすりつぶして油に入れて香りを出すと、絶妙の隠し味になるのです。北インドの料理ではあまり使われず、もっぱら南インドの菜食料理で頻繁に使用されます。これもなければ料理ができないというものではありません。より本格を目指す方の中上級食材といえます。

他にもインドならではのスパイスはありますが、日本での実用性に乏しいので割愛します（以上、口絵⑭も参照）。

ガラム・マサラについて

インド料理では、いくつかのホール・スパイスをあらかじめ調合してから挽いて、特定の用途に使用するミックススパイス・パウダーがあります。中でも「ガラム・マサラ」が有名ですが、他にも北インドには「チャット・マサラ」や「タンドゥーリ・マサラ」などがあります。マサラという語にはいろいろな意味がありますが、この場合「ミックスしたもの、混ぜたもの」というニュアンスになります。南インドの「サンバル・パウダー」や「ラッサム・パウダー」もこうした「マサラ」の仲間といえます。

インド料理にはすべてガラム・マサラを使うと思いこんでいる日本人がいますが、それは違います。特に南インドの菜食料理では、ガラム・マサラは基本的に不要ですし、北インド料理でも、ガラム・マサラを使わないレシピはいくらでもあります。

逆にガラム・マサラがその威力を存分に発揮するのは、タンドゥーリ・チキンやシークク・カバーブといった焼きものや、チキンやマトンといった肉カレー、それにカレーよりも濃厚なソースのマサラ料理などです。最近はインドでも既製品を買って使う人やお店が圧倒的ですが、やはり自家製の方が数段、味も香りもいいものです。

ここでは抜群に料理がおいしくなるガラム・マサラの配合をお教えします。この配合はとにかく素晴らしい香りで、料理のできあがりにも決定的な影響があります。インド最高級のホテル、「タージ・ホテル」出身の、私の師匠のレシピをアレンジしました。

✺秘伝のガラム・マサラ

材料　クミン・シード大さじ四、コリアンダー・シード大さじ二、グリーン・カルダモン・ホール大さじ一、クローブ・ホール大さじ一、シナモン・スティック大さじ一（こまかくポキポキと折ってから計る）、フェンネル・シード大さじ一、ブラック・ペパー・ホール大さじ一、ベイリーフ五枚

作り方

①材料のホール・スパイスを指定の体積比で、油をひかないフライパンや中華鍋に入れる。

②できるだけ弱火で、炒るというより乾燥させるようにして五分弱加熱する。絶対にこ

がさないように。
③手指で触ってみて全体がカラカラと軽くなったら、火から下ろし、粗熱を取る。キッチンにいい香りが充満しているはず。
④粗熱が取れたらミキサー、コーヒー・ミルなどで細かい粉末に挽いてできあがり。密閉できる容器に入れ、冷暗所に保管する。半年程度で使い切るように。

おいしく作るコツ

・フライパンや中華鍋でスパイスを炒るとき、こがさないこと。コーヒー豆の焙煎のようにローストして色をつけてしまうと、目指す味とは違ってしまいます。
・挽くときも、均一に、またある程度細かくなるようにしてください。そのためにはミキサーや電動ミルを使用するのがおすすめです。

できあがったこのガラム・マサラ、市販のものとは比べものにならないくらい素晴らしい香りがします。慣れてきたら、スパイスの配合や種類を変化させて、自分だけのオリジナル・ブレンドを作るのも楽しいものです。

2 その他の食材について

特に南インド料理では、タマリンド、ココナッツなど、北で使わない食材をよく使用します。またインド料理全般においても、各種豆類（ダールなど）、コリアンダーやミントといった生ハーブ、全粒粉など、あまり日本で日常的でない食材を活用します。ここでは、これらの紹介と入手法について説明します。

なお繰り返しになりますが、ここでもすべての食材を最初に揃える必要はありません。作りたいメニューに合わせ、少しずつ買い足してください。

また最後に、ギーやヨーグルト、パニール（インドのカッテージチーズ）などの家庭での作り方についてもお教えしましょう。

スパイス以外の食材

コリアンダー・リーフ……東南アジア料理や中国料理で「香菜《こうさい》」「シャンツァイ」「パクチー」などと呼ばれ、メキシコ料理などではシラントロといわれるハーブ。コリアンダーの種を発芽・成長させた葉や茎ですが、香りはコリアンダー・パウダーやシードと大きく異なります。刻んでカレーにかけたり、他の材料とミキサーにかけて「チャツネ」(現地では「チャトニ」。日本にあるマンゴー・チャツネのようなジャム的甘さは皆無のスパイシーな「たれ」)にしたりと、本場のインド料理で大活躍ですが、慣れない人にはこの上ない悪臭にも感じられる強烈な個性を持っています。手に入れば、活用してください。また、ミントと並んで比較的育てやすいハーブなので、家庭菜園やプランターでの栽培にトライしてみるのもおすすめです。ちなみに根まで余すところなく使えますので、捨てないように。

ミント・リーフ……マトンカレーやマトンのマサラ、マトン・ビリヤニなどマトン料理によく使われます。またコリアンダー同様「チャツネ」に入れたりもします。余りそうならミント・ティーにすればロスがありません。

グリーン・チリ……生の青唐辛子。コリアンダーの陰に隠れていますが、インドでは非常に重要な生ハーブ。辛みより香りを強調して使いますので、ハーブ的位置づけなのです。赤唐辛子とは異なるピーマンやシシトウに似た瑞々しい香りが、南北問わず全国的によく使われます。日本で手に入りにくいでしょうから、シシトウやピーマンで代用しましょう。

ダール……インドのベジタリアンカレーに欠かせないのがダール、つまり挽き割りにした豆です。挽き割りにするのは、水分の浸透が早まり調理時間が短縮され、消化もよくなるという先人の知恵です。ただし種類によっては一晩水につけて準備したりするものもありますし、軟らかく煮えるのに時間がかかるものもあります。インド人が使うダールは通常次の五種です（口絵⑮参照）。

①ムング・ダール　もやしや中国春雨に使う「緑豆《りょくとう》」の挽き割り。皮つきだとグリーンで、皮なしのダールになるときれいな黄色をしています。あらかじめ水に浸け

る必要がなく、二〇～三〇分煮るだけで軟らかくなり便利です。

②マスル・ダール　レンズ豆の挽き割り。サーモン・ピンクのきれいな色をしています。これも煮ると比較的短時間で軟らかくなります。

③チャナ・ダール　ヒヨコ豆（ガルバンゾー、エジプト豆など）のインド系黒い品種の挽き割り。水によく浸けてから使います。

④ウラド・ダール　もやしに使われる黒マッペの挽き割り。皮つきは黒く、皮なしのダールは白い色をしています。これもよく水に浸けてから使います。また米といっしょにすりつぶし発酵させると、ドーサやイドゥリなど南インド軽食の原材料になります。

⑤トゥール・ダール（アルハル・ダール）　キマメの挽き割り。北インドでダールカレーにするほか、南インドの代表料理「サンバル」や「ラッサム」にも欠かせません。日本では手に入れにくいので、そんなときはムング・ダールで代用しましょう。

ダールは煮込んでカレーにするのが通常の食べ方ですが、さらに覚えておいていただきたいのは、南インド料理でダールをスパイスの一種として用いる、ということです。

調理の最初、マスタード・シードやクミン・シードといっしょに、乾燥したダールを粒のまま油に入れて炒め、香りを移します。できあがりはカリカリとした独特の食感も加わり、料理がさらにおいしくなります。こうした使い方をするのはチャナ・ダールとウラド・ダールの二種類。中級者以上になったら、どちらかをスパイスのつもりで用意しておくと便利です。

ダール以外の豆……挽き割りでない丸のままの豆のことです。インド料理で最もよく使われるのは、ヒヨコ豆です。できれば乾燥したものを買って、一晩かけて戻すと、水煮缶よりおいしい料理が楽しめます。缶入りは便利ですが、どうしても風味や食感が違います。またゆでるときも、インドでは重曹を入れると早いといわれますが、私は使いません。

なおこうした豆やダールをゆでるときは、圧力鍋が便利です。インドの一般家庭での圧力鍋の普及率が日本に比べ驚くべき高さなのも、多くは豆を煮るためです。ヒヨコ豆以外では、特に北でキドニー・ビーンズや乾燥グリーンピースをよく使います。

ココナッツ（ミルク、フレーク）……コリアンダー・リーフと並んでタイなど東南アジア料理にもよく使われます。ただしタイでは白いミルクの状態でよく使われるのに対し、インド料理ではミルクの他フレークでも使います。またココナッツを頻繁に使うのは南インドであり、北インドではお菓子以外にあまり使いません。皆さんが準備するときは袋入りの粉末かココナッツ・ミルク缶、そしてフレーク状で細かくなっているもの（製菓材料として売っています。長めのと短めのものがありますので、後者を。「ココナッツ・ファイン」と呼ばれます）の二種類を用意すると便利です。

タマリンド……これもココナッツ同様タイ料理でも使われますし、同じように南インド料理で頻繁に使用されるものです。タマリンドはマメ科の植物で、プルーンやデーツ（ナツメヤシの実）のジャムのような果肉を水に溶いて使います。梅干しにも似た独特の酸味が特徴で、この酸味が料理のうまみへと変化していきます。防腐作用や殺菌作用があり、シーフードや豆、野菜との相性がいいとされます。

日本で売っているのはほぼ二通り。一つはタイからの輸入品で、四角い塊をラップのようなもので包んであります。ラップをはがし中身をピンポン球大の半分程度ちぎり取ってボールに移し、水を一カップほど加え、手でもみだすようにしてよくほぐし、網などでこし、茶色っぽい液体を使います。できたエキスを味見して酸っぱければオーケー。もう一つは瓶入りで、すでに種や筋を取りジャムのようになめらかなペーストにしてあります。これを適量カップなどに取り水で薄めればできあがり。こちらの方が使いやすいです。が、私は手でもみだすやり方が、何だかインドっぽく愛着があります。皆さんはお好みで、または、手に入りやすい方を使ってみてください（口絵⑮参照）。

全粒粉（アタ）……小麦粉を精白せず、胚芽やふすまなどもいっしょに挽いたもの。完全粉などという名で、日本の自然食料品店でも国産小麦の全粒粉を手に入れることができます。滋味深い味わいとともに、ビタミンやミネラル等栄養成分も豊富。チャパティ、プーリ、パラーターなど、ナーン類を除くインドのパンのほとんどが、このアタから作られます。なおインドのアタは中力粉だそうです。

セモリナ（スージ）……パスタの原料表示でデュラム・セモリナとありますが、そのセモリナと同じです。いわゆる粗挽き小麦で、南インドではお菓子の他ドーサやイドゥリの原材料にしたり、ウプマという炒り蒸しの軽食を作ったりします。北でもお菓子を中心にプーリといったパンなどにも使います。

ベースン……ヒヨコ豆の粉末。ほとんどきな粉に近い見た目と味です。インドでは揚げものの衣に使ったり、ラージャスターンなどではカレーのトロみづけに使います。南インドでは、スパイスやハーブ類、ニンニクなどを混ぜ、「ポディ」と呼ばれるふりかけを作ります。

ギーについて

ギーについてもかなりの誤解があるようです。「本場のインド料理は基本的にギーを調理油にして作られる」という意味の記述をしている本もありますが、今のインドで調理用の油は、一般家庭と外食どちらも菜種やひまわりなどの植物油がほとんど。ギーだけでやっているのはごく一部の菜食レストランか、お菓子屋さん（西洋のケーキやクッキーをバターで作るとおいしいように、一流のインディアン・スウィーツはギーだけで作ります）くらいのものです。

そもそもギーとは、牛から採ったバターを煮詰めて精製したもの。動物性の油脂です。植物性ギーなるものも日本で売られていますが、あれは南インドでバナスパティと呼ばれるもので、純然たるギーではありません。

南インドのミールスや、ムンバイで食べられるグジャラートのターリーでは、食事の最初ご飯にギーをひとたらしするのが正式な作法ですし、ナーンやチャパティ、あるいはタンドゥーリ・チキンの上にさっと塗っていい香りを出すのもギーです。カレーの隠し味としてももちろん活躍します。特に挽き割り豆のダールカレーには欠かせません。中国料理におけるゴマ油や、イタリア料理のエクストラ・ヴァージン・オリーブオイルのように、ここぞというときの仕上げの一滴という役目があるようです。

ここでは純正のギーを手作りしてみましょう。単なる溶かしバターとは風味がかなり異なります。

なお、本書の実践編でもギーを使うレシピがありますが、もちろん市販の無塩バターで代用していただいて構いません。ギーが必ずないとダメということではありませんので念のため。

✺ギーを作る

作り方

①厚手の鍋を用意する。深くても浅くてもかまわないが、直径一五センチぐらいで小さめの方がよい。

②鍋に無塩バターを一ポンド（約四五〇グラム）入れ、火をつける。全量溶けるまで弱めの中火程度で、バターが完全に溶けたら弱火にして、こげないようにして煮る。バターからブクブク白い泡が出るはず。

③一五分ほど煮ると表面の泡が沈静化し、代わりに鍋底に滓のようなモヤモヤした不純物がたまる。液体となったバターの色は、透明感のある黄金色になっているはず。

④こがさないように火から下ろし、熱いうちに油こしなどでこし、耐熱容器に入れ、冷めてから冷蔵庫で保管する。なるべく早く使い切る方がよい。バターの代わりに様々

な料理に使える。

おいしく作るコツ

・しっかりと泡や不純物を取り除き、こがさずいい色に仕上げるのがポイントです。

・火が強すぎますとこげますし、弱すぎると不純物がなかなか沈澱しません。厚手の鍋を使うのが、こげにくく失敗しないやり方です。

ヨーグルト（ダヒ、カード）について

インドの食卓にヨーグルトは欠かせません。ダヒやカードなどとも呼ばれるこのヨーグルト、日本では脱脂粉乳で増量したものが多い中、インドではちゃんと牛乳だけ、しかも低温殺菌のサワークリームができる鮮度で作られます。

できたヨーグルトはドリンクとしてラッシーになったり、生野菜とライタ（サラダ）にしたり、はたまた食事の締めにご飯にかけたり、と多彩に利用されます。

本書でご紹介するレシピでは、市販のプレーン・ヨーグルトを使っていただいてまっ

たく構いませんが、この項では自家製ヨーグルトの作り方をご紹介しましょう。インドの多くの家庭でも、ヨーグルトは自家製です。

＊ヨーグルトを作る

作り方

①牛乳一リットルを鍋で沸かす。底がこげつかないようにときどきかき混ぜ、沸騰寸前になったら火を止める。
②四〇度くらいの温度まで下がったら、市販のプレーン・ヨーグルトを大さじ四程度加え、軽くかき混ぜる。
③フタをして、そのまま温度が下がりにくい暖かい場所に置く（冬場は、タオルなどで巻いて保温し、暖房機のそばなどに。夏なら常温放置でも大丈夫）。
④五、六時間すればヨーグルトのできあがり。保存容器に入れて冷蔵庫で保管する。二週間程度で使い切るのがよい。

おいしく作るコツ

・温度が低いと固まりません。保温効果維持のため、魔法ビンなどで作る人もいます。

・また途中でできたかどうかフタを開けると失敗する、という迷信じみたジンクスを唱えるコックさんもいます。実際、私は途中でフタを取り失敗したことがありますが、その説の真偽まではわかりません。とりあえずじっと我慢が無難です。

パニールについて

インドに行って、やはり本場は違う、と思わず唸ってしまうことの一つにパニールのおいしさがあります。

パニールとは牛乳から作ったカッテージ・チーズ。ベジタリアンの重要なたんぱく源であると同時に、タンドゥールの焼きものからカレーやマサラなどのスパイス煮込み、お菓子の原材料まで幅広く活用されます。

作り方は簡単で、要約すれば、牛乳に酢のような酸を加え凝固分離させ、できた豆腐のようなものを水切りして固めたもの。元の牛乳の十分の一程度の量しかパニールはできません。貴重品なのです。日本で作るとボソボソとして味がなく、どうも今一つ。それがインドでは味わい濃厚、そのまま食べてもたいへんおいしいのです。なぜかなと思っていて、はたと気がついたのは、やはり原料である牛乳の違い。

今回のレシピは、日本の牛乳で本場のパニールに近づいた風味を出すためのもの。日本在住のインド人シェフに教わりました。

＊パニールを作る

作り方

①牛乳一リットル、生クリーム二〇〇mlを鍋に入れ、火にかける。香りづけにグリーン・カルダモンのホールも四、五個加える。

②底がこげつかないようかき混ぜながら加熱する。水面が上昇して沸騰してきたら火を弱め、レモン果汁適量（五〇〜一〇〇ml。ビンづめ果汁で十分です）を加える。

③しばらくそのままにしておくと鍋の中が分離してくる。分離しなければ、さらにレモンを加える。分離したら火を弱めたまま一分ほど煮続け、火を止める。

④ガーゼやさらしのような布と水切りのザルを用意し、鍋の中身を空ける。このときカルダモンは取り出しておき、茶巾のように絞る。布の外から水をジャージャーかけながらやると早くできる。茶巾の上に重石をして二、三時間放置する。

⑤パニールを取り出し弾力よくできていたら成功。このレシピで、できあがり約一二〇グラム強ほどになる。冷蔵庫で保管し、翌日までに使うこと。長期保存は冷凍庫で。

おいしく作るコツ

・牛乳の乳脂肪分を高めるとパニールのうまみも増すので、生クリームを併用します。

・水を切りすぎたり、逆に水気が多すぎてもダメですから注意しましょう。あくまで弾力のある硬さがベストです。

・酢でもうまく固まりますし、安価ですが、酢のにおいがパニールに残るのが難点。やはりレモンの方が香りはいいです。

3 調理器具をそろえる

食材をそろえたところで、次は調理器具です。本来インド料理では、料理法によって使う鍋の種類が決まっていたり、レストランでもベジとノンベジの調理器具が別々だったりと、厳格な「決まり」あるいは「しきたり」があります。ご家庭でそんなことをマネする必要などありませんが、調理器具のうまい使い方というものがあるのは事実です。いくつかの項目に分けて説明しましょう。

なお本書でご紹介するレシピは、鍋、フライパンまたは中華鍋、フタ、おろし金、あとはミキサーくらいがあれば作れてしまうものがほとんどですので、ご安心を。

鍋について

①底の厚い鍋を選びましょう

ギーの作り方のところでもいいましたが、形状に限らず、底の厚い鍋がインド料理の調理には適しています。タマネギをじっくり炒めたり、豆やミルクをこがさないように煮たりするには、やはり底が分厚く熱伝導の安定した鍋がいいようです。油はねの防止や作る量に応じて深め、浅め、中ぐらいの計三つそろえれば、まず困らないと思います。

②あまりに大きい、または小さい鍋はダメ

当たり前の話ですが、かなり重要な意味があります。インドカレーでは、具とグレービー（カレーソースのことです）の量的バランス、さらにカレーソース自体の量と濃度が出来映えに直結します。このとき煮ている鍋のサイズがあまりに大きければ、ソースが煮詰まってしまいますし、逆に鍋が小さすぎれば、グレービーが多すぎて、トロみもなければ味もなしといったことになります。四人分のカレーならば直径二〇センチぐらいの鍋が最も適しています。インド料理に限らず、調理鍋のサイズに対して無頓着な方が

多いようですが、案外このあたりが、料理上達への近道かもしれません。

③役に立つ中華鍋

北インドでサブジ、南ではポリヤルという名の野菜のスパイス炒めがあることは既に紹介しました。これらの料理は鍋やフライパンで調理するより、中華鍋で作った方が火のまわりがよく、初心者でも簡単にうまくできます。また、フラットな底面のものより油を少なくできるのもいいことです。

インドでは、カライ（カダイなどともいいます）という名の、中華鍋によく似た形状でさらに深みのある鍋でサブジやカレーをよく作ります。また、スパイスたっぷりのマサラ料理も中華鍋で調理するとうまくいきます。他にも中華鍋が活躍する場面はたくさんあります。お持ちでない方はぜひ一つどうぞ。

④鍋にはフタが欲しい

前述のサブジやポリヤルは、香味炒めといっても中華のように鍋をあおるのではなく、極力蒸し焼きに近い方法で作ります。野菜から出るジュースと加熱時の湯気の水分を利用するわけです。ということはフタがあった方が断然いい、ということになります。

またカレーについても、煮込むとき、フタがあった方が効率的ですし、できあがり後もインド料理の魅力である香りがどこかへ飛んでしまうのを防いでくれます。専門店の厨房でも、できあがりの料理にさっとフタをして「時間がくるまで絶対これを取るな」というインド人シェフがいます。これも香りに対する気遣いの現れでしょう。

いずれにせよ、普段使う鍋および中華鍋のそれぞれに合うフタをいくつか用意しておくと、いざというとき役に立ちます。

スパイスを扱うときに便利な調理器具

①すり鉢、すりこぎおよびそれに類するもの

例えばクミン・シードをさっと炒って「ロースト・クミン」にして挽くときや、ブラック・ペパーを粗く砕くときなど、すり鉢とすりこぎ、または乳鉢と乳棒など、スパイスをつぶし粉にする器具がないと困ります。いったんスパイスを入れてすり鉢とすりこぎを使うと、においがなかなかとれませんので、スパイス専用のものをワンセット用意

するのが無難です。もちろんインド製のスパイスつぶしやタイの「クロック」などがあれば、申し分ありません。

②コーヒー・ミルやミキサー

コーヒー・ミルは、ある程度細かくスパイスを挽ける点で便利です。さらにいいのは食品全般を粉砕できるミルでしょう。

ちなみに、なかなか微細にならないという点で、前述のすりこぎでガラム・マサラを挽くのはやめた方がいいです。粒が粗いガラム・マサラはそれぞれのスパイスのハーモニーもラフで、香りも劣りますので、それで調味しても料理がおいしくできません。

後述するミキサーにもスパイスをうまく挽ける機種があります。他の用途にも使える点を考えれば、こうしたミキサーを一台用意するのがいいかもしれません。

電動ミルかミキサーがあれば、すり鉢セットや乳鉢セットは要りません。私はスパイスの状態を見ながら挽いたり、ゴリゴリガタガタとした感触も好きなので、インドの手動すり鉢と電動ミキサーを使い分けています。こだわりたい方はぜひ両方をどうぞ。

③ぴったり密閉できる容器

直接的な調理器具ではありませんが、スパイスやダール、粉類などをうまく保存するためにピタリとフタのできる密閉容器を使ってください。香りが逃げるのを防ぐ一方、湿気からも守ってくれます。インドでは茶筒のような金属容器や、コーヒーなどの空きビンや空き缶をうまく活用しています。

そのほかのお助けグッズ

①ミキサーやフードプロセッサー

ミキサーやフードプロセッサーはインド料理の調理で大活躍します。インドの都市部家庭では多機能ミキサーを一台買って、広範囲に使っているところが多いようです。スライスしたタマネギを炒めてヨーグルトといっしょにミキサーにかければ、オニオン・ペーストのできあがり。南インド料理だったら、ココナッツ・パウダーとクミン・シード、グリーン・チリ、ショウガに水を足してミキサーにかければ便利なグリーン・マサラです。他にもカシューナッツに水を入れてペーストにしたり、ニンニクとショウガのスライスに水を少量加えてミキシングすれば、すりおろし代わりのジンジャー・ガーリック・ペーストという具合。他にもいろいろな場面で必要とされることでしょう。

ミキサーといえば使用後に洗うのが面倒だったりして、使いもせず家の中で眠っている家電製品の筆頭だと思います。このときとばかりにぜひ活用してください。

②圧力鍋

圧力鍋もミキサーと並びインドの家庭で普及率の高いもの。主にダールや豆を煮るためです。また根菜類の料理や骨つき肉のカレーの調理にも使われます。日本人の場合、玄米を召し上がる方や自然食のファンに、うまく使いこなしている方が多いように思います。どうしても必要なものではありませんが、インド料理に限らず時間とお金、エネルギーを節約したい方は使うことをおすすめします。

③雪平鍋

ゆきひらなべ、と読みます。和食でよく使います。ピンとこない方は、鍋の周囲が亀の甲のような打ち出し模様になった片手鍋、といえば思い出すことでしょう。

ボールの代わりに刻んだキャベツを入れてキープしたり、エビに下味をつけてスパイスをもみ込んだり。また鍋としてココナッツ・ミルク用のパウダーを溶かすお湯をさっと沸かしたり。フライパンのようにスパイスを炒ったり、オイルを熱くしてからスパイスを入れ、できた料理にかけて香りを移したり。またチャイに最適だったりと、便利なものです。直径二〇センチぐらいのものを一つご用意ください。重宝します。

④泡立て器、ホイッパー

これもインド料理では案外、活躍します。ココナッツ・ミルクを作るとき、粉末をただお湯に入れたのではダマになります。そこで泡立て器でかき混ぜます。ダールを煮るときも、マッシュして煮崩れを早めるのにも使えます。本場インドのダールのようにドロッとした状態に素早く仕上げるためです。ラッシーを作るときも、ヨーグルトと砂糖、それに氷も二、三個、ボールか雪平鍋に入れて、ホイッパーでカシャカシャと勢いよくミックスすればお手軽です。

4 基本的な料理手法と調理のコツ

後で登場する個々のレシピでも説明しますが、ここではあらかじめ、インド料理の基本調理法と、おいしくするためのコツについてざっと語っておきましょう。

基本調理テクニックとコツあれこれ

①料理のよしあしは下準備で決まる

インド料理に限ったことではありませんが、多くの場合、実際に鍋を火にかける瞬間には、すでに調理のプロセスは半分ぐらいまで完了しているものです。つまり、火の通りを考えながら適切なサイズに材料を切り、下味をつけ、下処理をし、調味料をいつでも使える状態にセットしておく。さらには全体の進行を把握していること。これができていないと、最終ステージの調理でモタモタしてあせり、結局うまく行かずに終わるものです。

料理のできは材料のよしあしと事前の段取りでかなりの部分決まってきます。きちんとした準備が調理成功の大前提です。

②まず油に香りを移す

もともと油を使った料理の方が使わないものより浄性が高い、という考えがヒンドゥーの人たちにはあります。ですから、お客をもてなす際のパンはチャパティではなく、油で揚げるプーリを提供するわけです。

直接このこととは無関係ですが、実際、インド料理では油を使って炒めるというプロセスが頻繁に登場します。重要なのは、たいていの場合その前後に（私は前ですが、タマネギを炒めた後で入れる人もいます）ホールのスパイスを入れて、オイルにスパイスのフレーバーをつけるプロセスがあることです。これをしっかりやらないとおいしい料理になりません。

きちんと油にフレーバーが移ったかどうかは、カルダモンやクローブの場合、油を吸ってスパイスがプッとふくらむことで判断します。マスタード・シードならばパチパチはねだしたら、次なるアクションのタイミングです。クミンはあまりはねずに黒ずんでそのままこげだしますから、油の中で気泡を出しはじめたら、頃合いと思って大丈夫でしょう。またいずれの場合も、いいスパイスの香りがしてきます。香りがしてきたら、次のステップに進みます。

きちんとスパイスの状態を見て、タイミングを計ることが大事です。

③タマネギを炒める〜基本は強めの火加減

フランス料理の影響か、どんなカレーもタマネギは茶色になるまで炒めねばならない、と固く信じている方がいらっしゃいますが、そんなことはありません。

野菜より肉のカレーで、また南インドより北インドのカレーで、タマネギをたっぷりじっくりと炒める傾向がありますが、いずれにせよ基本は、強めの火加減で水分を飛ばすようにしながらスピーディに炒めていくことです。

インドのタマネギは日本のより小型で、水分が少なく、甘みがグッとのっています。ですから炒める時間は日本の方が多くかかります。いくら強めの火加減といっても、こがしてはおしまいです。こがさずに、手早く適切な状態まで炒め切ること、これが重要です。

北インドのイスラーム料理では、タマネギの炒め方について二つのテクニックがあります。一つは「フライド・オニオン」。繊維を断ち切った横切りスライスのタマネギをたっぷりの油で揚げるように炒め、それをいったん油から取り出してキープし、新たにカレーに加え直すという手法です。主に肉のカレーに用いられます。

そしてもう一つはみじん切りのタマネギを「ハーフ・フライ」の状態まで炒めること。これは油の中でタマネギ一つずつが軽く揚がったように黄金色になるまで炒め上げる手法で、特にマサラ料理のグレービー作りのテクニックとして重要です。

どちらも透明段階を超えて炒めるやり方で、注意深く仕上げる必要のある高等技術です。

それに比べると南インドの料理、特に家庭料理はタマネギ炒めについて寛大というか、シンプルでラフです。透明感が出れば、次のプロセスに進みます。むしろ茶色くなりすぎることをきらいます。

どんな場合もダラダラと炒めないこと。ベタついて仕上がりが重くなります。スピーディに、かつ途中からは慎重な見極めが必要とされるタマネギの炒め方です。

④材料を炒める～いきなり煮込まず油をよく絡める

最終的に材料を煮る料理、特に肉カレーでは、ソースを作り、ただ肉を入れて煮るのではなく、タマネギ、ショウガやニンニク、トマトやヨーグルト、スパイスの混合の濃いソース（マサラといいます）でまず肉を絡めるようにして炒り煮にして、表面の色が白っぽく変わってからお湯を足し、煮込みに入ります。材料の表面に油とスパイスのコーティングをすることで、味がなじみ、さらにおいしくなります。

サブジやポリヤルといった炒め主体の料理でも、材料をこがさずていねいに炒め切ることが大事です。この場合も油やスパイスを材料の野菜にまずきっちりと絡めるようにして、それからフタをして蒸し煮にします。こうすることで、じっくりと均等に味がなじみます。

⑤スパイスの扱い方〜分量、タイミング、禁止事項

少なめに入れる

一般の方の作ったインド料理を頂戴する機会があるとき、スパイス、特にターメリックを入れすぎているケースによく出会います。スパイス使いの基本はまず少なめに、ということです。

実際インドの一流料理人はスパイスの使用量が案外と少ないものです。また、少なければ、最悪でも足すことができますが（後から足すこと自体はあまり好ましくありませんが）、多すぎると修復がたいへん難しくなります。とにかくスパイスは少なめ、です。

必ず熱を加える、生のままにしない

スパイスを入れたら、必ず一回きっちりと火を通して粉っぽさを飛ばしてなじませる、ということです。特にターメリックやコリアンダー・パウダーは粉っぽくなりがちですから、気をつけてください。

入れるときは火を弱める

プロのコックならそうしなくても大丈夫かもしれませんが（猛烈にかき混ぜ、すぐに水を加えたりします）、皆さんがスパイスを入れるときは、火をグッと弱めた方が無難です。粉のスパイスは非常にこげやすいですから。特に油に直接パウダー・スパイスを入れるようなシーンでは火をいったん切った方がよいでしょう。そしてスパイスを入れたら火を少し強め、ていねいによくかき混ぜ油となじませること、やはりこれが大切です。

ターメリックだけは最後に入れるな

ターメリックを料理の最後に入れることはありません。粉っぽくなって食べられませんから、必ず中盤以前に使います。むしろ「パウダー・スパイスを入れるときは、まず最初にターメリックから」と覚えておいた方がいいかもしれません。

⑥材料を煮る〜具とグレービーのバランスが肝要

まずマサラと具をミックスしてから煮込む

材料の炒め方のところでもお話ししましたが、煮込みに入るときはいきなり煮ないで、濃度のあるマサラと主材料を必ずいったんよく混ぜ合わせて全体をなじませ、それからお湯や水などを加えてください。できあがりが違います。

水やお湯は少なめに加えていく

カレーやマサラの場合、グレービーの濃度ができあがりの目安になります。あまりシャバシャバにしないのが普通です。ですからお湯や水を入れる場合、少なめに加えてはかき混ぜ、足しながらようすを見ることが大事です。

最後は余熱で

特に野菜料理の場合、火を入れすぎると、できあがって時間が少し経つとグジャグジャに煮すぎの状態になることがあります。余熱の効果を考えて一歩手前で火を消すのがいい方法です。

⑦塩加減は味を決める最後で最大のポイント

インド料理に限らず、スパイス料理は塩加減一つでまるで全体の雰囲気が変わるものです。塩が多すぎると塩辛いのは当たり前ですが、ほんの少し塩が足りないばかりに、全体がボケた感じになって損をしている料理に遭遇することがあります。もったいないな、惜しいなと思います。さらに一塩することで全体がキリッと締まり、すべての味が前面にグッと出てくるはずなのに。

特にビギナーの場合、塩の入れすぎより入れなさすぎが多いようにも思います。同じ量だけ赤唐辛子粉を使っても、塩気のやや多い方がピリッと鋭く感じられるものです。それくらい、塩はスパイスの効果に影響を与えます。思い切って最後の一塩で味をビシッと決められるようになるには、何より経験がものをいいます。ドンドン作って自分のものにしましょう。

⑧辛さの度合いはその料理に合ったものを

塩が辛さに与える影響について語ったついでに、辛さ自体にも言及しましょう。

インド料理には本来、それぞれの料理に合った辛さの度合いがあります。ですから、インド人は「激辛二〇倍カレー」などというものをオーダーしませんし、レストランでも「辛さをお好みで調整します」などとは絶対にいいません。

インド料理の辛さの要素は主に赤唐辛子、グリーン・チリ、コショウ、マスタードなどの組み合わせによって構成されます。もし激辛にしたければ、これらのスパイスを増量し、その分塩も強くすれば事足ります。しかし、カレーに合った辛さがあるのが普通ですから、まずは適切な辛さで作っていただくことをおすすめします。ちなみに、この本は基本的にそうした適切な辛さでレシピ化しています。

⑨一度に作る量は四人分を目安に

おいしくできる適量というのがあります。和食の煮ものやおでんでも、一人分をうまく仕込めといわれると、つらいものがありますね。インドでも、フライパン式のレストランカレーは別にして、家庭料理の場合、最低でも四人分程度で作らないと、なかなかおいしく味がまとまりません。この本でも四人前の分量でレシピを展開していきます。

残ったカレーは冷蔵庫で保存するか、あるいは冷凍して、なるべく早めに召し上がってください。時間が経つとやはり風味が落ちてしまいます。

⑩失敗したと思ってもあわてない

できたてのカレーと三〇分置いたもの、さらには一晩経ったものでは、見た目も味も違います。できたての時点で自分のイメージとちょっと味が違うと思っても、あわてず、少し時間を置いてからもう一度味見してください。「何だ、いけるじゃない」と納得することが多々あります。

具体的には汁のあるカレーの場合、できたての段階で少しゆるめのカレーソースにしておくと、後で具がソースを吸って、ちょうどいい濃度になります。いきなりピタリでもそれはそれでいいのですが、三〇分くらい経つとグレービトがポッテリした感じになり、三時間後には想像以上にソースが濃くなっている、ということもあります。食べる時間にちょうどいい味と状態になっているよう予想しながら、できたてをまずチェックし、さらに食卓に出すときにもチェックするという、二回の味見をすればバッチリです。このときソースが濃いなと思ったら、水かお湯を少し加え、火を入れます。

カレーソースがあまりに水っぽいとき。もし具が煮崩れるほど軟らかでしたら、面倒ですが、具材をいったんボールなどに移しソースだけを煮詰めます。具が大丈夫そうなら、そのままフタを取りながら加熱しソースに濃度をつけます。

また、サブジやポリヤルなど汁のない料理で、どうも塩が強いと感じられるときは、レモン果汁をサッとふってください。塩気が緩和されます。ただしあまりかけすぎると味が変わります。

それから、どうもカレーが辛すぎるとき。ものの本には、ヨーグルトやミルクを加えるという記述もあります。しかし、もともとその料理のレシピにヨーグルトとミルクが使われていればオーケーですが、でなければ別の料理になってしまいます。むしろトマトジュースや、やはりレモン汁を少し加えるほうが無難です。

第3部

実践編

さあ、作りましょう

1 北インド料理

レストランよりおいしいカレーをわが家で

日本のインド料理レストランで、皆さんが接する機会の多いのが北インド料理です。ここではデリーやムンバイなどの家庭およびレストランで供される料理をご紹介します。特に肉料理に特筆すべきものが多いので、たくさんご紹介しましょう。

チキンカレー

インド本国で肉のカレーというとチキンとマトン（といってもヤギのことが多いのですが）が双璧。

中でも鶏肉は日本人にもポピュラーな食材です。ここでは一般にあまり紹介されていないヨーグルトをベースとしたイスラーム・スタイルのレシピを中心に、手軽に楽しめるちょっと珍しいメニューも用意しました。

✺パンジャーブ・チキンカレー（トマトベース）

フライド・オニオンのようによく炒めたタマネギとトマトを使ったシンプルなチキンカレー。北西インド、パンジャーブ州の家庭料理です（口絵②参照）。

材料（**四人分**） 皮なし鶏モモ肉二枚（約四〇〇グラム）、タマネギの横切りスライス（縦半分にしてから、繊維を断ち切るよう横に薄くスライスする）一個分、ジンジャー・ガーリック・ペースト（ショウガとニンニク同量のすりおろし）大さじ一、ホールトマト一カップ（生トマトならば二個分）、シシトウの小口切り四本分かピーマンの細切り一個分、香菜のみじん切り大さじ一（なければ省略）、サラダ油大さじ三、塩小さじ二、水二カップホール・スパイス……グリーン・カルダモン四粒、ビッグ・カルダモン一粒（なければ省略）、シナモン・スティック三センチ、クローブ二粒、ブラック・ペパー一〇粒、ベイリーフ一枚
パウダー・スパイス……ターメリック小さじ二分の一、赤唐辛子粉小さじ二分の一、コリアンダー・パウダー小さじ二
仕上げのスパイス……ガラム・マサラ小さじ一（またはグリーン・カルダモンとブラック・ペパーの各ホール同量を粗挽きにしたカルダモン・ペパー・パウダー小さじ一）
主な調理器具　直径二〇センチ程度の鍋、フタ、おろし金
調理時間　四五分

調理

①底の厚い鍋にサラダ油を入れ中火にしてホール・スパイスを入れる。
②スパイスから泡が出ていい香りがしてきたら、タマネギを入れ炒める。火加減は最初強めの中火。その後もこげないようにしながら、なるべく手早く黄金色になるまでよく炒める。

③弱火にしてジンジャー・ガーリック・ペーストを加える。
④シシトウかピーマン、ホールトマト、あれば香菜も加えて中火にし、かき混ぜながら沸騰させる。沸騰したらホールトマトをつぶすようにして、そのまま一分ほど炒める。
⑤弱火にしてパウダー・スパイスと塩を入れたら中火にアップし、水を一カップ注いで沸騰させる。沸騰したら、かき混ぜながらそのまま三分ほど煮込む。
⑥できあがったマサラに鶏肉を加え、かき混ぜながら中火で炒める。
⑦鶏肉の表面が白くなったら、ヒタヒタまで水を加える（約一カップ）。
⑧フタをして一〇分ほど煮込んだらガラム・マサラを加える。
⑨フタを取り、好みのトロみが出るよう二〜三分煮込み、塩加減をチェックする。

おいしく作るコツ

・肉のカレーではタマネギを黄金色になるまでよく炒めましょう。それにスパイスや鶏を入れた後、きちんと火を通して、全体をよくなじませること。
・ガラム・マサラの代わりのグリーン・カルダモンとブラック・ペパーのミックス・パウダーは、肉カレーの仕上げに役立ちます。同量のホールをミルやミキサーで挽けばいいだけ。ガラム・マサラとは違ったいい香りがします。

白いご飯はもちろんのこと、スパイスを炊き込んだプラオやチャパティなどのパン（いずれもレシピ後述）、またインド料理ではありませんが、バターライスなどとも相性バッチリです。

✵イスラーム・チキンカレー（ヨーグルトベース）

特においしい、おすすめのレシピ。フライド・オニオンのように炒めたタマネギにスパイスやハーブをプラス。デリーのイスラーム家庭や「カリム・ホテル」など名レストランを思い出させるテイストです。

材料（**四人分**）　皮なし鶏モモ肉二枚（四〇〇〜五〇〇グラム）、タマネギの横切りスライス一個分、ジンジャー・ガーリック・ペースト（ショウガとニンニク同量のすりおろし）大さじ一、生トマト二分の一個分（ホールトマトならば四分の一カップ）、シシトウの小口切り四本分あるいはピーマンの千切り一個分、香菜のみじん切り大さじ一（なければ省略）、ヨーグルト一五〇ml、塩小さじ二、サラダ油大さじ三、水二カップ

ホール・スパイス……シナモン・スティック三センチ、クローブ二個、グリーン・カルダモン四個、ビッグ・カルダモン一個（なければ省略）、ベイリーフ一枚、ブラック・ペパー一〇粒

パウダー・スパイス……ターメリック小さじ四分の一、赤唐辛子粉小さじ二分の一、コリアンダー小さじ二

仕上げのスパイス……ガラム・マサラまたはカルダモン・ペパー・パウダー小さじ一

主な調理器具　直径二〇センチ程度の鍋、フタ、おろし金

調理時間　四五分

下ごしらえ

①タマネギは繊維を断ち切るようにして、薄めで均一な厚さにスライスする。

調理

①鍋底いっぱいヒタヒタにサラダ油を入れる。
②火をつけてホール・スパイスを加え、中火で油にスパイスの香りを移す。
③カルダモンが油を吸ってふくらんだら、タマネギを入れて炒めはじめる。火加減は当初強めの中火で。
④だんだん火を弱めながら、タマネギが黄金色になるまでよく炒める。所要時間は約一五分程度。これは本来フライド・オニオンと呼ばれる手法のアレンジ。
⑤黄金色になるまでよく炒めたら、弱火にしジンジャー・ガーリック・ペーストを加え、香りを出す。
⑥続いて弱火のまま、トマトとシシトウ、あれば香菜を加え、油を絡めるようにかき混ぜる。
⑦やはり弱火のまま、ヨーグルトを加え、軽く混ぜる。
⑧弱火のままパウダー・スパイスと塩を加える。
⑨中火にして、一カップの水を加え、沸騰させる。
⑩鶏肉を加えてさらに炒める。
⑪鶏肉の表面の色が白く変わるまで炒めたら、水をヒタヒタになるくらい(一カップ程

度）加える。

⑫フタをして弱火で鶏肉が軟らかくなるまで、ときどきかき混ぜながら煮る。

⑬一〇分ほどしたら、フタを取り、ガラム・マサラを加え、少しトロみが出るよう火力を少し上げ三分程煮込む。

⑭塩加減をチェックして、火を止める。

おいしく作るコツ

・まずはタマネギ炒めが大事。

・それから、各ステージの炒めとミックスをきちんとやりましょう。

・そして水を入れすぎないこと。そうすればきっと成功です。

ごはんにもパンにもよく合います。後述のサブジやスープ、サラダを添えて。

✺マイルド・チキンカレー

その名の通りマイルドな味のチキンカレー。いわゆるレストランタイプの基本です。カシューナッツ・ペーストを使います。まかないのレシピをアレンジしたものですから、本式のレストランものとは多少異なりますが、そこがまたいいところ。ガラム・マサラは使用しません。

材料（**四人分**） 皮なし鶏モモ肉二枚（四〇〇～五〇〇グラム）、タマネギの横切りスライス一個分、ジンジャー・ガーリック・ペースト（ショウガとニンニク同量のすりおろし）大さじ一、ホールトマト二分の一カップ（生トマトなら刻んで一カップ）、ヨーグルト四分の一カップ、カシューナッツ四分の一カップ、生クリーム四分の一カップ、塩小さじ二、サラダ油大さじ三、水二カップ

ホール・スパイス……グリーン・カルダモン四粒、ビッグ・カルダモン一粒（なければ省略）、シナモン・スティック三センチ、クローブ二粒、ベイリーフ一枚、ブラック・ペパー一〇粒（日本のレストランでは、これらのスパイスは省略、あるいはタマネギを炒

める前に取り除かれることが多い）

パウダー・スパイス……ターメリック小さじ四分の一、赤唐辛子粉小さじ二分の一、コリアンダー小さじ二

主な調理器具　直径二〇センチ程度の鍋、フタ、おろし金、ミキサー

調理時間　四五分

下ごしらえと調理

①カシューナッツを一時間ほど水に浸けた後、ホールトマト、ヨーグルト、水少々（分量外）とともにミキサーにかけ、ペーストにしておく。

②鍋の底にたまるくらいのサラダ油を入れ、中火にしてホール・スパイスを加える。

③グリーン・カルダモンやクローブが油を吸ってふくらんだらタマネギを入れ、黄金色になるよう、よく炒める。

④火を弱め、ジンジャー・ガーリック・ペーストを加える。

⑤いい香りがしたら、ホールトマト、ヨーグルト、カシューナッツのペーストを加える。

⑥ざっと混ぜたら弱火のままパウダー・スパイスと塩を加える。

⑦水を一カップ加え中火で沸騰させたら、二～三分煮込み、トロみを出す。
⑧鶏肉を加え、表面が白くなるまで炒め煮する。
⑨水をヒタヒタまで入れ沸騰させたら（一カップ程度）、フタをして弱火で鶏肉が軟らかくなるまで、ときどきかき混ぜながら煮込む。約一〇分。
⑩フタを取り、少し火力を上げて三分程度煮込む。
⑪トロみをアップさせたら生クリームを加え、さらにトロみをお好みに調整（煮込んで少し時間が経つとトロみが増すことも頭に入れておく）。塩で味を調え、お好みで刻んだ香菜をふりかける（どちらも分量外）。

おいしく作るコツ

・カシューナッツ・ペーストと生クリーム、それにトマトの量で味のバランスが変わってきます。お好きな割合を見つけてください。
・煮込んでいる最中にトマトの粗みじん切りやピーマンの乱切りを加えてもいいでしょう。

サフラン・ライスやグリーンピース入りのプラオなどと合わせると、お客様のもてなしに最適です（いずれもレシピ後述）。

✺チキン・モグライ

イスラーム式のリッチな白いチキンカレー。見た目も味も、なぜかチキンのクリーム煮のようです（口絵②参照）。

材料（四人分） 皮なし鶏モモ肉二枚（四〇〇〜五〇〇グラム）、タマネギの横切りスライス一個分、ジンジャー・ガーリック・ペースト（ショウガとニンニク同量のすりおろし）大さじ一、ヨーグルト一五〇ml、カシューナッツ五〇mlに水一〇〇mlを加えてミキサーにかけたもの、生クリーム五〇ml、ゆで卵の粗みじん切り一個分、塩小さじ二、サラダ油大さじ三、水一カップ、カスリ・メティ大さじ山盛り一
ホール・スパイス……グリーン・カルダモン四粒、ビッグ・カルダモン一粒、シナモン・スティック三センチ、ベイリーフ一枚

パウダー・スパイス……ターメリック小さじ八分の一、ホワイト・ペパー小さじ一

主な調理器具 直径二〇センチ程度の鍋、フタ、おろし金、ミキサー

調理時間 四五分

調理

①鍋にヒタヒタのサラダ油を入れ中火にしたら、ホール・スパイスを入れ、香りが出るまで熱する。
②タマネギを入れて黄金色になるまでよく炒める。
③弱火にしてジンジャー・ガーリック・ペーストを加える。
④ヨーグルトを加え、軽く混ぜる。
⑤パウダー・スパイスと塩を加える。
⑥鶏肉を加え、かき混ぜながらさらに一〜二分炒める。
⑦カシューナッツのペースト、生クリーム、水一カップを入れてヒタヒタの水加減にしたら強火で沸騰させる。
⑧弱火にして、ときどきかき混ぜながら、フタをして一五分程度煮る。

⑨鶏肉によく火が通り、トロみのあるカレーソースになればできあがり。カスリ・メティを手でもみ込むようにして加え、火を止める直前に刻んだゆで卵を入れる。

おいしく作るコツ

・できあがりはあまり水気のあるものではありません。トロッと仕上げてください。
・あまりに辛みや香りがないと、ホントにチキンのクリーム煮になってしまいますので、ホール・スパイスの香り出しやホワイト・ペパーの辛みづけをしっかりやってみてください。

わずか二種のパウダー・スパイスでも十分すてきなメニューができることがおわかりいただけると思います。リッチなテイストなので、白いご飯では味が負けてしまいます。オニオン・プラオやサフラン・ライス、チャパティ、バゲットやベーグルなどがよく合います。

キーマカレー

キーマとは挽き肉のこと。インドでよく食べられる肉はチキンとマトンですから、それぞれチキン・キーマとマトン・キーマになります。インドではマトン・キーマがよく食べられるようですが、日本ではなかなかマトンの挽き肉は手に入れにくいもの。そこでここでは、チキン・キーマについてご紹介しましょう。

✺北インド風キーマ・マタル（鶏挽き肉とグリーンピースのカレー）

日本人の大好きなキーマカレーですが、チキンカレーと同様、星の数ほどレシピがあります。ここでは簡単でおいしい北インド風のレシピをご紹介します。「マタル」はヒンディー語でグリーンピースのことです（口絵②参照）。

材料（四人分）鶏挽き肉四〇〇グラム、タマネギの横切りスライス一個分、ジンジャー・ガーリック・ペースト（ショウガとニンニク同量のすりおろし）大さじ一、シシトウの小口切り四本分（あるいはピーマンの千切り一個分）、ホールトマト缶一〇〇ml（または生トマトの粗みじん切り一個分）、ヨーグルト五〇ml、塩小さじ二、サラダ油大さじ三、水一カップ、冷凍グリーンピース一カップ

ホール・スパイス……グリーン・カルダモン四粒、ビッグ・カルダモン一粒（なければ省略）、シナモン・スティック三センチ、ベイリーフ一枚、ブラック・ペパー一〇粒

パウダー・スパイス……ターメリック小さじ四分の一、赤唐辛子粉小さじ二分の一、コリアンダー小さじ二

仕上げのスパイス……ガラム・マサラ小さじ一

主な調理器具 直径二〇センチ程度の鍋、フタ、おろし金

調理時間 四五分

下ごしらえ

①タマネギは繊維を断ち切るようにして、薄めで均一な厚さにスライスする。

②グリーンピースは水に入れるなどして解凍しておく。

調理

①鍋底いっぱいヒタヒタくらいに、やや多めのサラダ油を入れる。

②火をつけてホール・スパイスを加え、中火で油に香りを移す。

③カルダモンが油を吸ってふくらんだら、タマネギを入れて炒めはじめる。火加減は当初強めの中火で。

④だんだん火を弱めながら、黄金色になるまでよく炒める。所要時間は約一五分。

⑤タマネギを黄金色に炒めたら、弱火にしてジンジャー・ガーリック・ペーストを加え、香りを出す。

⑥弱火のまま、シシトウかピーマン、トマトを加え、油を絡めるようにかき混ぜる。

⑦弱火のままヨーグルトを加える。

⑧弱火のままパウダー・スパイスと塩を加える。

⑨一カップの水を加え、中火で沸騰させる。

⑩鶏挽き肉を加え、ほぐしながらさらに炒める。

⑪肉の表面が白く変わるまで炒めたら、フタをし、弱火でときどきかき混ぜながら煮る。

⑫一〇分ほど煮込んだらグリーンピースを入れる。

⑬さらに五分ほどしたら、仕上げにガラム・マサラを入れる。

⑭一分煮たら塩加減をチェックし、火を止める。お好みで刻んだ香菜（分量外）をたっぷりふりかける。

おいしく作るコツ

・水加減が重要です。チキンカレーより水の量は控えめに。チキンカレーの半量程度です。

◎チキン・キーマのバリエーション

チキン・キーマといっしょにいろいろな野菜を煮込むと、またひと味違ったおいしさです。まとめていくつかご紹介しましょう。

アル・キーマ……大きめにカットした生のジャガイモ三個分を煮込みます。

キーマ・パラク……パラクとはホウレンソウのこと。ホウレンソウ一束をゆでてからしっかりと水を切り、細かくまたはおひたし用くらいにカットして入れ、煮込みます。

生でザク切りにしたものを入れても美味。

ベーガン・キーマ……ベーガンとはナスのこと。縦四つ割りにしてから長さ二センチほどにカットしたナス三本分を煮ます。

キーマ・コーン……粒のトウモロコシ（缶でも可）一カップを煮込みます。

キーマ・チャナ……ゆでたヒヨコ豆一カップ（水煮缶でもオーケー）を煮込みます。

どの材料も鶏挽き肉を煮込んでしばらくしてから加えます。幅広いバリエーションが楽しめますし、野菜の栄養もいっしょに摂れて、おすすめです。

チキンとホウレンソウのカレー

鶏肉カレーのバリエーションに、ホウレンソウを煮込んだ「チキン・サーグワラ」または「サーグ・チキン」というものがあります。中身は同じで、ゆでてピューレにしたり、細かくカットしたホウレンソウを使います。日本のインドレストランでも人気のメニュー。ぜひ覚えてください。

✺サーグ・チキン① レストランスタイル

ホウレンソウをピューレにするレストラン式のレシピ。シンプルですが、本格的な味わいに（口絵②参照）。

材料（**四人分**） 皮なし鶏モモ肉二枚（四〇〇〜五〇〇グラム）、タマネギの横切りスライス一個分、ジンジャー・ガーリック・ペースト（ショウガとニンニク同量のすりおろし）大さじ一、シシトウの小口切り四本分あるいはピーマンの千切り一個分、ホールトマト二分の一カップ、塩小さじ二、ホウレンソウ一束（一束約二五〇グラムで換算。お好みで加減）、サラダ油大さじ三、水一カップ、カスリ・メティ大さじ山盛り一（なければ省略）、生クリーム五〇ml（なければ省略）

ホール・スパイス……グリーン・カルダモン四粒、ビッグ・カルダモン一粒（なければ省略）、シナモン・スティック三センチ、クローブ二粒、ベイリーフ一枚、ブラック・ペパー一〇粒

パウダー・スパイス……ターメリック小さじ四分の一、赤唐辛子粉小さじ二分の一、コ

リアンダー小さじ二
仕上げのスパイス……ガラム・マサラ小さじ一
主な調理器具　直径二〇センチ程度の鍋、フタ、おろし金、ミキサー
調理時間　四五分

下ごしらえ

①タマネギは繊維を断ち切るようにして、薄めで均一な厚さにスライスする。
②ホウレンソウはいったん軽くゆでてからザクザクとカットし、なるべく少量の水を加えてミキサーにかけピューレ状にする。このとき、あまり細かくしないほうが、歯応えが残っておいしい。

調理

①鍋底いっぱいヒタヒタくらいに、やや多めのサラダ油を鍋に入れる。
②火をつけてホール・スパイスを加え、中火で油にスパイスの香りを移す。
③カルダモンが油を吸ってふくらんだら、タマネギを入れて炒めはじめる。火加減は当

初強めの中火で。
④だんだん火を弱め、タマネギが黄金色になるまでよく炒める。所要時間は約一五分。
⑤弱火にしてジンジャー・ガーリック・ペーストを加え混ぜ、香りを出す。
⑥シシトウを加える。
⑦ホールトマトを加え、全体を和えるようにしてかき混ぜる。
⑧弱火のままパウダー・スパイスと塩を加える。
⑨中火にして、一カップの水を加え、沸騰させる。
⑩鶏肉を加え、表面が白く変わるまで炒め煮にしたら、ホウレンソウのピューレを加える。もし足りなければ水（分量外）をヒタヒタになるくらい加える。加えない場合がほとんど。
⑪フタをして弱火で、ときどきかき混ぜながら煮る。
⑫一五分ほどして鶏肉が軟らかくなったらフタを取り、火加減を調整しながら三～五分ほどかけて好みの濃度に煮詰める。
⑬ガラム・マサラとカスリ・メティを加え、お好みで生クリームも入れる。
⑭塩加減をチェックしたらできあがり。

おいしく作るコツ

・水っぽく仕上げないこと。ホウレンソウからも水気が出ます。

・ホウレンソウのピューレは、細かくしないで粗く仕上げた方が本場っぽいです。

・ホウレンソウの色が落ちるくらい、よく煮込んだほうがおいしいです。

比較的簡単に作れておいしいです。ご飯にもパンにもよく合います。できあがりにショウガの千切りや刻んだトマトをあしらうとより豪華に、またよりおいしくなりますよ。

✺サーグ・チキン②　骨つき肉のイスラーム家庭料理スタイル

ホウレンソウを千切りにすることで、独特の食感や舌触りが生まれます。さらに、じっくり煮込むことで、より家庭的な味わいが楽しめる一皿になります。水っぽい仕上がりにならないよう、注意しましょう。

材料（**四人分**） 鶏手羽元一二本、タマネギの横切りスライス一個分、ジンジャー・ガーリック・ペースト（ショウガとニンニク同量のすりおろし）大さじ一、シシトウの小口切り四本分（あるいはピーマンの千切り一個分）、ホールトマト缶二分の一カップ、ヨーグルト一カップ、塩小さじ二、ホウレンソウ一束、サラダ油大さじ三、水二カップ、カスリ・メティ大さじ山盛り一

ホール・スパイス……グリーン・カルダモン四粒、ビッグ・カルダモン一粒（なければ省略）、シナモン・スティック三センチ、ベイリーフ一枚、ブラック・ペパー一〇粒

パウダー・スパイス……ターメリック小さじ四分の一、赤唐辛子粉小さじ二分の一、コリアンダー小さじ二

仕上げのスパイス……ガラム・マサラ小さじ一

主な調理器具 直径二〇センチ程度の鍋、フタ、おろし金

調理時間 六〇分

下ごしらえ

①タマネギは繊維を断ち切るようにして、薄めで均一な厚さにスライスする。

②手羽元は一度水洗いし、ザルなどに上げておく（インド料理はアクを取らないため）。
③ホウレンソウは生のまま、一センチほどの長さに細かく刻んでおく。

調理

①鍋底いっぱいヒタヒタくらいに、やや多めのサラダ油を鍋に入れる。
②中火にしてホール・スパイスを加え、油にスパイスの香りを移す。
③カルダモンが油を吸ってふくらんだら、タマネギを入れて炒めはじめる。火加減は当初強めの中火で。
④だんだん火を弱め、タマネギが黄金色になるまでよく炒める。所要時間は約一五分。
⑤弱火にしてジンジャー・ガーリック・ペーストを加えサッとかき混ぜ、香りを出す。
⑥弱火のまま、シシトウとホールトマトを加える。
⑦やはり弱火のまま、ヨーグルトを加え、全体を軽く混ぜる。
⑧弱火のままパウダー・スパイスと塩を入れる。
⑨中火にして、沸騰させる。
⑩手羽元を加えてさらに炒める。

⑪手羽元の表面の色が白く変わるまで炒めたら、ホウレンソウを加えてさらに炒める。
⑫水をヒタヒタになるくらい（二カップ程度）加える。
⑬フタをして弱火で、ときどきかき混ぜながら煮る。
⑭三〇分ほどして手羽元が軟らかくなったら、ガラム・マサラとカスリ・メティを加える。
⑮塩加減をチェックして、火を止める。

おいしく作るコツ

・骨つきチキンは軟らかくなるまで三〇分程度かかります。じっくり煮込んでください。
・煮込んでいる間にグレービーが蒸発します。水をあらかじめ多めに入れて煮るとともに、もしも煮詰まりそうなら、その都度差し水をしてください。

マトンのカレー

インドではマトンカレーがたいへんポピュラーですが、実はその過半数はヤギ肉。といっても臭みはなく、マトンやラムあるいはビーフと同じ感覚で食べることができます。日本でマトンカレーを作ろうとしてもヤギ肉はおろか、マトンやラムも潤沢に手に入りにくいのが現状。それにインドと違い冷凍肉が主流です。

そんな中、ここでは肉の扱いのじょうずなイスラーム式の北インド風マトンカレーをご紹介しておきます。日本のインドレストランでよく食べられるトマト風味のものより、私は好きです（口絵③参照）。

✺イスラーム・マトンカレー

材料（四人分）　マトンかラム五〇〇グラム、タマネギの横切りスライス一個分、ジンジャー・ガーリック・ペースト（ショウガとニンニク同量のすりおろし）大さじ一、ヨーグルト一カップ、塩小さじ二、サラダ油大さじ三、シシトウの小口切り四本分（あるいはピーマンの千切り一個分）、ペパーミントまたはスペアミントの葉五グラム（お好みで加減）、刻んだ香菜大さじ山盛り一、水一カップ

ホール・スパイス……グリーン・カルダモン四粒、ビッグ・カルダモン一粒（なければ

省略)、シナモン・スティック三センチ、クローブ四粒、ベイリーフ一枚、ブラック・ペパー一〇粒

パウダー・スパイス……ターメリック小さじ四分の一、赤唐辛子粉小さじ一、コリアンダー小さじ二

仕上げのスパイス……ガラム・マサラ小さじ一

主な調理器具　直径二〇センチ程度の鍋、フタ、おろし金

調理時間　七〇分

下ごしらえ

①タマネギは繊維を断ち切るようにして、薄めで均一な厚さにスライスする。

調理

①鍋に多めにサラダ油を入れホール・スパイスを加えたら、中火でスパイスの香りを移す。

②グリーン・カルダモンとクローブが油を吸ってふくらんだら、タマネギを入れ、最初

は強めの中火で炒める。
③徐々に火を弱め黄金色によく炒めたら、弱火のままジンジャー・ガーリック・ペーストを加え、軽く混ぜる。
④続けてシシトウ、ミントの葉、刻んだ香菜、さらにヨーグルトも加え、弱火で三〇秒ほどかき混ぜる。
⑤パウダー・スパイスと塩を加える。
⑥火を強めの中火にする。
⑦水洗いしたマトンを加え、中火のままよく炒める。もしこげつきそうだったら、水を少しだけ加える。
⑧十分に炒めてマトンの表面の色が変わったら、水をヒタヒタになるくらい（一カップ程度）加えて沸騰させる。
⑨沸騰したら、フタをして、弱火でマトンが軟らかくなるまで、ときどきかき混ぜながらじっくり煮る（骨なしのマトンなら三〇〜四五分）。
⑩マトンが軟らかくなったらガラム・マサラを加え、トロみを調節するため、フタを取り、さらに数分煮る。

⑪塩加減をチェックして、火を止める。お好みで刻んだ香菜（分量外）をたっぷり散らす。

おいしく作るコツ

・できあがりが物足りなければ、粗みじん切りのトマト二分の一個分程度を加え、ひと煮立ちさせると風味が深まります。
・骨つきマトンだとさらに味が濃くなりますが、煮込み時間は九〇分程度になります。
・このカレーは圧力鍋で煮てもいいです。鍋の性能にもよりますが一五分前後で軟らかく仕上がるはずです。

たっぷりのヨーグルトとよく炒めたタマネギが肉を軟らかくし、マトンのクセをうまみに変えてくれます。またインドでは、マトン料理にミントは必需品。乾燥ハーブではなく、できるだけ生の葉を用意しましょう。

ビーフカレーについて

マトンやマトン・キーマの代わりに牛肉や牛挽き肉を、さらには合い挽き肉を使用するという料理本やインド料理店がありますが、私は感心しません。味の点と手に入りやすさから牛肉を使うことはありうる方法ですが、そのときは必ずご自分で「これは基本的に例外なんだ」ということを頭に入れながら調理してください。また、合い挽き肉については味の点から、またインド料理の伝統からも完全な反則だと私は思っています。賢明なる読者の皆さんはマネしないように。

ちなみに、インドの外食でビーフをカレーに仕立てるのは、原則として一部のムスリム・レストランだけで、しかも、こっそりというか、メニューの最後に最も安い価格で目立たぬよう載せるのが普通です。もちろんヒンドゥー教徒の人はノンベジでも絶対食べません。カルカッタやムンバイでヒンドゥー、イスラーム教徒双方から熱い支持を得ているノンベジ繁盛店では『NO BEEF』と店内に謳っているところもあります。ビーフが市民権を得ているのはあくまで純然たるムスリム・エリアだけであることを覚えておきましょう。

おいしくて便利なマサラ・グレービーとその応用

マサラとはカレーより汁気が少なく、スパイスや生ハーブ、香味野菜のうまみがより強調された料理です。ドロリとした濃いカレーといった感じで、肉からシーフード、野菜まで幅広いマサラのメニューがあります。いわばインドもてなし料理の代表。さっそくご紹介しましょう。

✸マサラ・グレービー（濃厚風味の万能カレーベース　北インド版）

ほとんどの場合、マサラは、まずベースのグレービー・ソースを作っておいて、これに下準備した材料を合わせて炒め煮にする、という手法で作られます。そこで、まずご紹介するのは、これ一つでさまざまに応用できる便利で重宝な「マサラ・グレービー」。ぜひマスターしてください。

材料（四人分）　タマネギのみじん切り一・五個分、ジンジャー・ガーリック・ペースト（ショウガとニンニク同量のすりおろし）大さじ一、シシトウの小口切り四本分（あるいはピーマンの千切り一個分）、ホールトマト一カップ、塩小さじ一、サラダ油大さじ二、水一カップ

ホール・スパイス……クミン・シード小さじ一、グリーン・カルダモン四粒、シナモン・スティック三センチ、ベイリーフ一枚、ブラック・ペパー一〇粒

パウダー・スパイス……ターメリック小さじ四分の一、赤唐辛子粉小さじ二分の一、コリアンダー小さじ一、ガラム・マサラ小さじ二分の一

主な調理器具　直径二〇センチ程度の鍋またはフライパンや中華鍋、おろし金

調理時間　二〇分

下ごしらえと調理

①鍋底にたまる程度、多めにサラダ油を入れたら、中火にしてホール・スパイスを加え、いい香りが出るまでこがさないよう熱する。

②クミン・シードがチリチリとしてグリーン・カルダモンがふくらんだら、タマネギを加え、最初なるべく強い火で炒めはじめる。
③量が減ってきたら、火を中火に落とし、ハーフ・フライの状態までスピーディに炒める。
④黄金色までよく炒めたら火を弱め、ジンジャー・ガーリック・ペーストを加える。
⑤いい香りがしたらシシトウとホールトマトを入れ、中火に戻して一分炒める。
⑥火を弱めてパウダー・スパイスと塩を加える。
⑦中火にして一カップの水を加えて沸騰させる。
⑧弱めの中火で、かき混ぜながら、ソースにトロみが出るよう炒め煮にする。
⑨三分ほどして、全体がポテッとして油が浮かんでくればできあがり。

おいしく作るコツ

・多めのタマネギを「ハーフ・フライ」になるまで炒めることが基本です。
・その後もあまり水っぽくしないで仕上げましょう。

ここまで準備しておけば、後で具材と合わせれば「マサラ料理」が完成します。このマサラ・グレービー、二、三時間経った方が、味がなじんでおいしくなります。また密閉容器に入れて冷蔵庫に保管すれば、数日間はおいしく食べられますので、作り置きが可能です。

ワンポイント・コラム

タマネギの量について

インド料理、特に北インドの肉カレーをおいしく仕上げる第一歩は、タマネギをハーフ・フライの黄金色まで炒めること。これはご説明した通りですが、タマネギの量にもちょっとした気配りをすることで、よりおいしくすることができます。

肉を料理するときは、野菜やシーフードのときよりやや多めに。こう覚えておくと便利です。肉カレーの場合、素材四〇〇グラムに対して、大きめのタマネギ一個を確保すればまず大丈夫。マサラなら、その一・五倍でオーケーです。スパイスの量についても同様で、肉料理のときは、野菜などに比べ、使用量をやや多めに意識すると、失敗しないようです。

それでは、できあがったマサラ・グレービーを使って、いくつかのメニューを仕上げてみましょう。カレーに比べて手早くできるのも魅力です。

✺チキン・マサラ（北インド風鶏肉の濃厚スパイス煮込み）

鶏肉のマサラにもいろいろなスタイルがあります。香ばしく焼き上げたタンドゥーリ・チキンをカットして具にした「タンドゥーリ・チキン・マサラ」は、本場の高級レストランの看板メニューです。ここではシンプルに生のモモ肉を使って調理しましょう（口絵③参照）。

材料（**四人分**）　皮なし鶏モモ肉の一口大乱切り二枚分（四〇〇〜五〇〇グラム）、シシトウの小口切り四本分（あるいはピーマンの千切り一個分）、ショウガの千切り大さじ山盛り一、トマトの粗みじん切り二分の一個分、四人分のマサラ・グレービー、塩小さじ

二分の一、刻んだ香菜少々
仕上げのスパイス……ガラム・マサラ小さじ一
主な調理器具　フライパンか中華鍋
調理時間　一五分

調理

①フライパンか中華鍋にマサラ・グレービーを入れたら、中火で温める。
②マサラがグツグツしだしたら、鶏肉を加える。
③全体をサックリ混ぜたら、シシトウ、ショウガの千切り、トマト、塩を加える。
④中火程度でかき混ぜながら、炒め煮にする。
⑤鶏肉に火が入るにつれて鶏肉から水気が出て、グレービーがトロリとしてくる。これが全体のうまさとなる。こうしたトロみが出るまで、ていねいに炒め煮にする。こげそうになったらまずはトマトの粗みじん切りをさらに二分の一個程度、それでも足りなければカップ四分の一程度の差し水をする（水を加えると全体のエキスが薄まるので、入れすぎには注意）。

⑥鶏肉に十分火が通るまで炒め煮にしたら、仕上げにガラム・マサラをふりかける。
⑦全体を混ぜたら、塩加減をチェックしてできあがり。香菜を散らす。

おいしく作るコツ

・基本的に水は入れません。トマトを使って全体をつないでいくのがコツ。それでも煮詰まりそうだったら、水を少量ずつ足します。

・調理中あまり火加減が弱いと、できあがりがベチャベチャとしておいしくありません。メリハリのある火の使い方をこころがけてください。

スパイスを炊き込んだプラオの他パン類にもよく合います。サラダとスープを添えれば、素敵なディナーにもなります。

お肉の代わりに鶏レバーやハツ、砂肝などを使うと、酒の肴にも最適なモツのマサラになります。仕上げにブラック・ペパーを利かせて、レモンをキュッと絞って食べるとさらに美味です。

✺チングリ・マライ（生クリーム風味の濃厚エビカレー）

チングリはエビ、マライはクリーム。つまりエビを生クリームで仕上げたリッチなマサラ。もともとは東インド、ベンガル地方のココナッツ・ミルク入りのエビカレーですが、北インドの高級ホテルのダイニングのレシピでもこういう料理がありました。ホームパーティなどで出せば大評判のメニュー、ぜひトライしてください（口絵③参照）。

材料（四人分） 無頭のエビ二〇尾程度（お好みでサイズや数量を変えて楽しもう）、生クリーム五〇～一〇〇ml（お好みで加減）、トマトの粗みじん切り二分の一個分、ピーマンの細切り一個分、四人分のマサラ・グレービー、塩小さじ二分の一弱

パウダー・スパイス……ガラム・マサラ小さじ一

主な調理器具 直径二〇センチ程度の鍋、または中華鍋やフライパンなど

調理時間 一〇分

調理

①マサラ・グレービーを温め直し、沸騰してきたらマサラにエビを加え、中火で炒める。
②エビの色が鮮やかに変わってきたら、粗みじん切りにしたトマトとピーマン、塩を加え、軽く炒め合わせてガラム・マサラを加える。
③弱火にして、エビにマサラの味を浸み込ませるように三分ほど煮込む。わざわざ生トマトをつぶす必要はない。むしろ形が残っているほうが見映えもいい。
④エビに火が通ればもう食べられる。仕上げとして、火から下ろす前に生クリームを全体にかけまわしてミックスする。塩加減をチェックしたらできあがり。香菜（分量外）があれば、刻んでふりかける。

おいしく作るコツ

・エビに火を通しすぎないこと。あまり煮込みすぎないようにして、あくまでスピーディに仕上げていきます。

サフラン・ライスとベストのマッチング。バゲットなどのパンとも好相性です。

✸チャナ・マサラ（ヒヨコ豆のスパイス煮込み）

前出のチングリ・マライとともに、女性に人気のメニュー。ここではよく煮込んで豆に味をなじませるレシピにしました（口絵④参照）。

なお材料にある「チャット・マサラ」とは一種のミックススパイスで、岩塩や乾燥マンゴーパウダー、ブラック・ペパー、赤唐辛子粉、コリアンダー、クミンなどが入っています。手に入らなければ省略して問題ありません。

材料（**四人分**）　ヒヨコ豆（乾燥状態で）一カップ強、四人分のマサラ・グレービー、トマトの粗みじん切り二分の一個分、ショウガの千切り大さじ山盛り一、塩小さじ四分の一、レモン汁少々、カスリ・メティ大さじ山盛り一（なければ省略）

パウダー・スパイス……ガラム・マサラ小さじ一、チャット・マサラ少々（なければ省略）

主な調理器具　直径二〇センチ程度の鍋、またはフライパンや中華鍋、フタ

調理時間　三〇分

下ごしらえ

①ヒヨコ豆は一晩水に浸けてから、水を取り替え、軟らかくなるまで水煮にする（このとき分量外のターメリック少々を加え、さらにできあがり間近になったら塩少々も入れて、軽く塩味をつけるといい）。一カップの乾燥ヒヨコ豆が二倍以上に増える。

調理

①鍋にマサラ・グレービーを入れて温めたら、ゆでて軽く水を切ったヒヨコ豆と塩を入れる。
②全体を混ぜたら、ヒタヒタになるまで水（分量外）を足す。
③フタをして弱火で二〇分ほど煮込む。途中で煮詰まり防止のため、水を少しずつ足す。
④トマトとショウガ、ガラム・マサラ、カスリ・メティを加える。
⑤サッと沸かしたらチャット・マサラをふり、塩加減をチェックして火を止める。レモン汁をふり、香菜（分量外）を散らす。

おいしく作るコツ

・仕上げにレモン、チャット・マサラ、カスリ・メティを加えるのはチャナ・マサラならではの味つけ。

・もっとも、どれもまったく使わなくてもおいしいです。

ご飯、パン類ともによく合いますが、お手軽なのは西洋のパン、バゲットやトーストした食パンとよくマッチします。

◎チャナ・マサラの応用編

チャナ・マサラと同じ手順で以下の素材も調理できます。

アル・マサラ……ジャガイモのマサラ。生でもあらかじめボイルしたものでもオーケー。どちらも一口大にカットしてからマサラ・グレービーで煮ます。チャナ（ヒヨコ豆）とジャガイモ半量ずつにすればムスリムの「アル・チャナ・マサラ」という料理に。

ラジマ・マサラ……「キドニー・ビーンズ」のマサラ。茶色の大きな豆でアメリカ産が缶で手に入ります。ヒヨコ豆とは違った風味が楽しめます。

ベーガン・マサラ……ナスのマサラ。お好きな大きさに切ったナスをマサラで煮込んでください。

パラク・マサラ……ホウレンソウのマサラ。生のままカットしたものをマサラで煮込んでも、ゆでてカットしたものを使ってもオーケーです。トロッと軟らかくなるまで煮込みましょう。四人分で最低二束、できれば三束用意したいですね。

パニール・マサラ……パニールを一・五センチ程度の角切りにして、マサラ・グレービーでサッと煮ます。長く煮すぎると崩れることがあります。あらかじめパニールをサラダ油で素揚げする方法もありますが、パサつきが気になって、私はあまり好きではありません。グリーンピースもいっしょだと「パニール・マタル・マサラ」。最後に生クリームで仕上げても、リッチな味わいでイケます。

まだまだありますが、これくらいにしておきましょう。いろいろな素材でマサラが楽しめるわけです。皆さんも、さまざまな食材でチャレンジしてください。

ワンポイント・コラム

北インド料理の三種の神器

本書では、北インドのマサラやカレーのレシピを中心に、トマトのみじん切り、シシトウの小口切り、ショウガの千切りが調理のさまざまなプロセスで登場します。さらにコリアンダーの葉も含め、これらを加えることによりグッと味と香り、それに見た目もアップするスグレものたちです。日本のインド料理店でもトッピング用の常套アイテムとしてよくお目にかかりますが、味つけの点でも活躍しています。ぜひ積極的に使ってください。断然、料理の出来映えが違ってきます。

北インドのおふくろの味、野菜料理サブジその他

カレーソースやマサラ・グレービーをきっちり作り込む、やや手の込んだタイプのカレーやマサラはこれくらいにして、ここではよりシンプルなレシピで十分においしい野菜料理をご紹介します。いわば北インドのおふくろの味です。

これからご紹介する「サブジ」は、北インド全般で食べられる野菜の汁なし料理のこと。スパイスを加えて炒めた素材を蒸し煮にする、というパターンが多いです。ここでは旬の野菜の持ち味を生かした単品メニューがメイン。できるだけレシピも簡略化してみました。冷蔵庫の整理にもなります。大いにご利用ください。

✺ジャガイモとインゲンのサブジ

まずはシンプルな料理法からご紹介しましょう。野菜を下ゆでしてからスパイスと絡めて炒め蒸しにします。汁気のあるカレーやダールカレーなどの副菜にどうぞ（口絵④参照）。

材料（四人分）　ゆでたジャガイモを一口大に切ったもの四〇〇グラム、硬めにゆでて一センチにカットしたインゲン一五本分程度（刻んで一カップ程度）、塩小さじ二分の一強、サラダ油大さじ一強
ホール・スパイス……クミン・シード小さじ一、タカノツメ二本

パウダー・スパイス……ターメリック小さじ四分の一、赤唐辛子粉小さじ四分の一

主な調理器具　フライパンか中華鍋、フタ

調理時間　一〇分（野菜の下ゆで時間を除く）

調理

①フライパンか中華鍋にサラダ油を入れ中火にし、ホール・スパイスを加える。

②クミン・シードが少し茶色く色づいたら、ジャガイモとインゲンを加える。

③全体を混ぜたら、弱火にしてパウダー・スパイスと塩を加える。

④こげつき防止に水を一五〜三〇ml（分量外）加えたら、フタをし、ときどきかき混ぜながら蒸し煮にする。

⑤数分して、スパイスが全体に絡んでしっとりした感じになればできあがり。

おいしく作るコツ

・クミン・シード、ターメリック、カイエン。これらが、サブジならではの味わいを作り出す基本のスパイスです。これ以降のサブジのレシピではガラム・マサラやコリア

ンダーが出てきますが、省略してもかまいません。まずはクミン・シード、ターメリック、カイエンの三つのスパイスを使いこなしましょう。

・野菜は下ゆで済みなので、火の通りを気にすることなく、手軽に調理が可能です。

・それでも、しばらくフタをして蒸した方が、味がなじんで美味です。

＊ジャガイモとナスのサブジ

今度は小さく切った野菜を生のまま、炒め蒸しにしていきます。タマネギの甘み、トマトの水気と酸味がアクセントになります。

材料（**四人分**）　ジャガイモ二個、ナス三本、スリットを入れた青唐辛子二本（またはシシトウの小口切り四本分）、タマネギのみじん切り四分の一カップ、トマトのみじん切り四分の一カップ、塩小さじ二分の一、サラダ油大さじ二、水大さじ二

ホール・スパイス……クミン・シード小さじ一、タカノツメ二本

パウダー・スパイス……ターメリック小さじ四分の一、赤唐辛子粉小さじ四分の一、ガ

ラム・マサラ小さじ二分の一

主な調理器具 フライパンか中華鍋、フタ

調理時間 一五分

下ごしらえ

①ジャガイモは皮をむいて一センチ角に、ナスは縦四つ割りにしてから、二センチの長さにそれぞれカットする。色変わりを防ぐよう、ターメリック少々（分量外）を入れた水にいったんさらしておく。

調理

①フライパンか中華鍋にサラダ油を入れ中火にし、ホール・スパイスを入れる。
②クミン・シードの色が少し濃くなったら、タマネギを加える。
③中火のまま軽く色づくまで炒めたら、トマトも加える。
④サッと全体を混ぜたら、弱火にしてパウダー・スパイスと塩を加える。
⑤少し火を強めて再び全体を軽く混ぜたら、マサラの完成。ジャガイモとナスを加え、

マサラをまぶすように一分ほど炒める。

⑥少量の水を差し、フタをして弱火で蒸し煮にする。こげないよう、ときどきかき混ぜる。

⑦野菜に火が通ればできあがり。塩加減をチェックし、お好みで香菜（分量外）をふりかける。

おいしく作るコツ

・生のジャガイモは火が通るまでに時間がかかります。そのためにナスは大きく、逆にジャガイモはかなり小さめにカットしてください。

・タマネギを炒めた後、ショウガやニンニクのすりおろしやみじん切りを適宜加えて炒めても美味です。

ニンジン、ダイコン、キャベツ、カボチャ、サツマイモ、ピーマン、ブロッコリー、カリフラワーなどお好みの野菜で作れます。ホウレンソウや小松菜などの葉野菜を刻んで炒め蒸しにしても美味です。

✺オクラのサブジ

オクラはヒンディー語でビンディといいます。レディス・フィンガーなどというシャレたネーミングもあります。これも人気メニューの一つです。

材料（**四人分**）刻んだオクラ三〇本分、タマネギのみじん切り四分の一個分、ジンジャー・ガーリック・ペースト（ショウガとニンニク同量のすりおろし）小さじ一、塩小さじ四分の一、サラダ油大さじ一

ホール・スパイス……クミン・シード小さじ一、タカノツメ二本

パウダー・スパイス……ターメリック小さじ四分の一、赤唐辛子粉小さじ四分の一、コリアンダー小さじ四分の一、ガラム・マサラ小さじ四分の一

主な調理器具　フライパンか中華鍋、おろし金

調理時間　一〇分

調理

①フライパンか中華鍋にサラダ油を入れ中火にしたらホール・スパイスを加える。
②クミンのいい香りがしたらタマネギとジンジャー・ガーリック・ペーストを入れ、こげないように炒める。
③タマネギが少し茶色く色づいたら火を弱め、パウダー・スパイスと塩を加える。
④マサラがよく混ざったらオクラを加えて炒める。
⑤オクラがしっとり軟らかくなったらできあがり。塩加減をチェックして完成。

おいしく作るコツ

・オクラの水気をしっかり取らないと、粘りが多く、あまりおいしくないサブジができあがります。気をつけましょう。

タマネギやショウガ、ニンニクなしでも美味。またガラム・マサラやコリアンダーがなくてもオーケー。いろいろなレシピにチャレンジしてください。

✸ナスのベンガル風サブジ

ナスをベンガル風に食べましょう。ベンガルとはコルカタ（カルカッタ）など東インドのベンガル地方のこと。独特のスパイス使いの料理で有名です。

ここではパンチフォロンというものを使います。これはクミン、マスタード、フェンネル、メティ、カロンジという五種のシードを同割りで混ぜたものですが、なければ、お好きなホール・スパイスだけでどうぞ（あるいはクミン・シードだけでもおいしい）。それでも雰囲気は十分出るはずです。

・

材料（四人分） ナス四本、ジンジャー・ガーリック・ペースト（ショウガとニンニク同量のすりおろし）またはおろしショウガ小さじ一、塩小さじ四分の一、サラダ油大さじ二、水三〇ml

ホール・スパイス……パンチフォロン小さじ一（同量のクミン・シードで代用可能）

パウダー・スパイス……ターメリック小さじ二分の一、赤唐辛子粉小さじ二分の一、コリアンダー小さじ山盛り一

主な調理器具　フライパンか中華鍋、フタ、おろし金
調理時間　一〇分

下ごしらえと調理

①ナスは縦四つ割りしてから長さ二センチ程度にカットし、ターメリック少々（分量外）を加えた水にさらしておく。
②フライパンか中華鍋にサラダ油を入れ中火にしたら、パンチフォロンを加える。
③マスタード・シードがパチパチとはじけたら、水切りしたナスとジンジャー・ガーリック・ペーストを加え、油を絡めるように軽く混ぜる。
④火を弱めてパウダー・スパイスと塩を入れたら水を加え、フタをして蒸し煮にする。
⑤ナスが軟らかくなればできあがり。鍋に多少水気が残っていてもかまわない。塩加減をチェックして火を止める。

おいしく作るコツ

・パンチフォロンがなければ、あるだけのホール・スパイスを同量混ぜて使いましょう。

・ジャガイモ、ニンジン、キャベツ、カリフラワー、インゲン、オクラなどお好みの野菜で作れます。

北インドのみそ汁、ダールカレー

ベジタリアン、ノンベジを問わず全インドで食べられるのが「ダール」です。地方ごとにいろいろな呼び方があって混乱するのですが、通常はムング、マスル、ウラド、チャナ、トゥール（アルハル）の五種類を指します。豆によって、皮をつけたもの、皮を取ったもの、さらに挽き割りにしたものなど、いろいろな形態があります。いずれの種類も通販等で手に入りますが、まだまだ一般的な食材ではないようです。ここでは調理の容易さからムング・ダールとマスル・ダール、二つの挽き割り豆によるレシピを中心にご紹介します。

ダールの戻し方

皮つきの豆は一晩程度、事前に水に浸けておくのに対し、ムングとマスルという二つのダールなら、あらかじめ浸水して下準備をする必要がなく便利です。

ダールのゆで方

難しいコツはありません。ただ、四人分で三〇分程度煮ますので、時間と労力、光熱費を節約したい方は圧力鍋で煮ることをおすすめします。

①厚手の鍋にダールを入れ、水を加えたら、ゴミなどを取る意味で二、三度水を換え、改めてダールよりも二センチほど上まで水を加え、火にかける。
②最初は強火で煮る。ただし、そのままにしておくと必ず吹きこぼれる。
③沸いてきたら火を弱め、じっくりと煮る。途中で水気が少なくなったら水を足す。
④ダールの中心まで火が通ったら、ホイッパーなどで軽くかき混ぜる。粒が早くつぶれて、食感がよくなるとともに、煮汁にもトロみが出ておいしさが増す。

ポイントは吹きこぼさないように煮ること。火が強すぎたり、フタをして密閉すると吹きますので、ご注意ください。

✺基本のダールカレー

インド全国津々浦々で食べられるダールカレーのうち、最もベーシックな味のレシピです(口絵⑤参照)。本場ではさらにいろいろなバリエーションがあります。

材料(四人分) ムング・ダール(緑豆の挽き割り)またはマスル・ダール(レンズ豆の挽き割り)一カップ、ニンニクのみじん切り(またはつぶしたもの)一片分、トマトの粗みじん切り二分の一個分、シシトウの小口切り四本分、塩小さじ二、サラダ油大さじ二、ギーまたはバター大さじ二〜三(お好みで加減)、水六〜七カップ、タマネギのみじん切り四分の一個分

ホール・スパイス……タカノツメ二本、クミン・シード小さじ一

パウダー・スパイス……ターメリック小さじ四分の一、赤唐辛子粉小さじ四分の一

主な調理器具 直径二〇センチ程度の鍋、フタ、フライパンか厚手の小鍋

調理時間 四五分

調理

①鍋に水洗いしたダールを入れ、豆より二センチほど高い位置に水を張り、煮はじめる。煮詰まり防止に差し水（分量外）をしながら、粒が簡単につぶれるまで軟らかく煮る（沸騰してから約三〇分）。

②ダールが沸騰したら弱火にし、パウダー・スパイス二種とニンニクのみじん切り（またはつぶしたもの）、トマトの粗みじん切り、シシトウを鍋に加え、いっしょに煮る。

③粒が指でつぶれるくらいまで煮たら、いったん火から下ろす。ゆるめのポタージュ以上の濃さになっていたら、ここでも差し水をして濃度を調整する。

④塩を加え調味する。

⑤別にフライパンか厚手の小鍋を用意し、火にかけサラダ油を入れる。

⑥弱めの中火にし、タカノツメとクミン・シードを入れ、こがさないようにしばらく加熱する。

⑦クミン・シードの色が少し濃くなったら、タマネギ、ギーまたはバターを加える。

⑧タマネギが少し色づいたら、ダールの鍋にフライパンの中味を全量投入する。こうした香味油を鍋に入れるやり方をテンパリングという。

⑨全体を軽く混ぜたら、ダールの鍋を再び火にかけ、弱火で一〇分ほど煮込む。
⑩クミンやタマネギがダールの中で目立たなくなれば、塩を調節し、できあがり。お好みで刻んだ香菜（分量外）を散らす。

おいしく作るコツ

・タマネギを炒める際、必ずギーかバターを加えること。独特のコクと香りが出ます。
・時間が経つとダールカレーの濃度は上がります。濃すぎると感じたら、あわてずにまず火を入れてみてください。ギーやバターが緩んで濃度が下がります。それでも濃ければ差し水を。

ダールはムング・ダール以外のものを使ってもかまいません。複数のダールを合わせて煮込むのもおすすめです。あまり辛くないので、スープとして召し上がっても美味。

✺ダール・タルカ

ダールのおもてなしバージョンの一つ。イスラーム料理の典型です（口絵⑤参照）。フライド・オニオンとギーが威力を発揮します。白いご飯はもちろんプラオやチャパティにもよく合います。バゲットやカンパーニュ、ベーグルのような西洋式のパンでもおいしいです。

材料（**四人分**） ムング・ダールかマスル・ダール一カップ、タマネギのスライス二分の一個分、トマトの粗みじん切り四分の一個分、シシトウの小口切り四本分、ニンニクのみじん切り（またはつぶしたもの）一片分、塩小さじ二、サラダ油大さじ一、ギーまたはバター大さじ二〜三、水六〜七カップ

ホール・スパイス……クミン・シード小さじ一、タカノツメ二本

パウダー・スパイス……ターメリック小さじ四分の一、赤唐辛子粉小さじ四分の一

主な調理器具 直径二〇センチ程度の鍋、フタ、フライパンか厚手の小鍋

調理時間 四五分

下ごしらえ

①タマネギは繊維を断ち切るように薄くスライス。トマトは粗みじん切りに。ニンニクはみじん切りに。ダールは洗ってゴミなどを取っておく。

調理

①鍋にダールよりも二センチ上まで水を入れて火にかける。最初は強めの中火で煮る。
②沸騰したら火を弱め、気になる方はアクを取り除く。
③トマト、シシトウ、ニンニク、ターメリック、赤唐辛子粉を加えてじっくりと煮る。途中で水気が減ってきたら、差し水（分量外）をすること。
④ダールの粒がつぶれるまで煮たら、塩を加える。ここでダールのベースができあがり。水かお湯（分量外）を適宜加えて、緩めのポタージュ程度にしておく。
⑤ダールが煮上がる頃になったら、仕上げの「タルカ＝テンパリング」に入る。別にフライパンか厚手の小鍋を用意し、弱火でサラダ油とクミン・シード、タカノツメを入れる。
⑥クミン・シードの色がやや茶色くなったら、タマネギのスライス、ギーまたはバターを加える。タマネギをこがさないように注意しながら黄金色によく炒める。これはフ

ライド・オニオンの手法。

⑦フライド・オニオンができたら、油ごとすべてダールの鍋に加える。

⑧一〇分ほど煮込み、タマネギがダールの中に溶ければできあがり。塩加減をチェックし、お好みで刻んだ香菜（分量外）を散らす。

おいしく作るコツ

・必ずフライド・オニオンのようによく炒めたタマネギをダールに入れること。この作業が「タルカ」という意味になります。テンパリングとも言います。

カレーにピッタリの北インドのご飯

おいしいカレーやマサラ、サブジを作ったら、それに呼応するようなバッグンな主食があると、さらにうれしいですね。ここでは北インドのものを紹介します。

✻ジーラ・プラオ

ジーラとはクミンのこと。クミン・シードと各種スパイスの入った香りのいい炊き込みご飯です。北インドのカレーやマサラにピッタリです。

材料（三人分） 米二合、米二合分の水、塩小さじ二分の一、ギーまたはバター大さじ二

ホール・スパイス……クミン・シード小さじ一、クローブ二粒、ベイリーフ一枚

主な調理器具 炊飯器

調理時間 五分（炊飯時間を除く）

下ごしらえと調理

①米はといで通常の水加減に。

②材料をすべて入れ、炊き上げればできあがり。

おいしく作るコツ

・ギーやバターの量はお好みで調節してもオーケー。油を入れることでご飯がパラリと軽く仕上がり、香りもよくなります。
・ターメリック小さじ二分の一弱を入れると、きれいな黄色いプラオになります。ただし、ターメリックの入れすぎに注意。最大でお米一合当たり小さじ四分の一です。

日本米でも十分おいしいですが、タイやインド産の長粒米で作ると、さらに本場のような軽い仕上がりのプラオになります。グリーンピース四分の一カップを加えて炊けば「マタル・プラオ」のできあがり。また、ホールのサフラン約三〇本を加え、美しい色が出るまで十五分ほど待って炊けば、サフラン・ライスになります。

✳オニオン・プラオ

フライド・オニオンのようによく炒めたタマネギを入れた炊き込みご飯。デリーやムンバイ、パキスタンなどのイスラーム料理です（口絵⑤参照）。

材料（三人分）　米二合、米二合分の水、タマネギの横切りスライス四分の一個分、塩小さじ二分の一、サラダ油大さじ一、ギーまたはバター大さじ二

ホール・スパイス……クミン・シード小さじ一、グリーン・カルダモン二粒、クローブ二粒、シナモン・スティック三センチ、ベイリーフ一枚

主な調理器具　炊飯器、フライパンか中華鍋

調理時間　一五分（炊飯時間を除く）

下ごしらえと調理

①タマネギは繊維を断ち切る方向にスライスしておく。

②米はといで通常の水加減にし、塩を入れる。

③フライパンか中華鍋にサラダ油を入れ、中火にしたら、ホール・スパイスを入れる。

④いい香りがしたらタマネギ、ギーまたはバターを加え、黄金色になるまでよく炒める（フライド・オニオンを作る要領）。

⑤炒めたタマネギをスパイスや油といっしょに炊飯器に加える。

⑥スウィッチを押して炊き上げればできあがり。

おいしく作るコツ

・フライド・オニオン風の炒めタマネギの作り方がポイント。しっかり炒めてください。
・炊き上がったライスは切るようにしてかき混ぜ、少し置くと味がよくなじみます。

チキンやマトン、キーマなど、北インドの肉カレーと抜群の相性です。ホウレンソウのカレーやダールカレー、サブジなどと合わせても美味。香ばしいタマネギが食欲をそそります。

インドのパンやタンドゥール料理、スープなど

インドのパンというとナーンを思い出しますね。しかし、第1部でお話しした通り、ピザ窯にも似た構造と温度のタンドゥール窯がないと焼けないナーンは、実のところインド人の主食ではありません。

インドのパンの代表格といえば、全粒粉で作ったシンプルな薄焼きパンのチャパティです。ここでは本来タンドゥール窯の必要なナーンをフライパンでも焼けるようアレン

ジし、さらにチャパティのレシピをご紹介します。いわばインドパンの二大巨頭です。ぜひ、作ってみてください。

また、タンドゥーリ・チキンなどインド式バーベキューにしても、ナーンと事情は同じで、タンドゥール窯がないと同じ味は出せません。が、似たような味わいのシンプルメニューをご紹介することにしました。

インドでスープというと奇異な感じがするかもしれませんが、スープ屋台があるほど一般に浸透した人気メニューでもあります。やはり簡単でおいしい本場の味をご紹介します。

＊フライパンで焼くナーン

タンドゥール窯で焼くナーンにはおよばないでしょうが、本場のナーンの雰囲気は手軽に味わえると思います。

材料（二枚分）強力粉一五〇グラム（一・五カップ弱）、塩小さじ一弱、四〇度のぬるま

湯二分の一カップ、ドライイースト三グラム、砂糖大さじ一、サラダ油大さじ一

主な調理器具　ボール、のし板、のし棒、トング、フライパン

調理時間　九〇分（発酵時間を含む）

生地の準備

①ボールに強力粉を入れて、塩を加える。

②別の器にドライイーストと砂糖を入れたら、ぬるま湯を加えてミックスする。

③②とサラダ油を①に加えたら、箸などで混ぜる。

④全体がまとまったら、手を使い生地がなめらかになるまでよく練る。

⑤球状に成形し、分量外のサラダ油を表面に薄く塗り、ラップをかけて一時間寝かせる。発酵して生地はふくらむ。

⑥ふくらんだ生地を軽く練り直して空気を抜き、もう一度球状に成形し、表面に分量外のサラダ油を塗り、もう一度ラップをかぶせる。

⑦一〇分ほど置けば、生地の準備が完了。

のばし方と焼き方

①生地を二つに分け、それぞれ球状に丸める。

②必要であれば、打ち粉をしたのし板にボールをのせ（サラダ油を塗り込むと、打ち粉は不要のことも多い）、のし棒で直径一五センチ程度の円形にのばす。

③弱めの中火に熱したフライパンにのせ、焼き色が少しついたらひっくり返す。油はひかなくてよい。

④両面に軽く焼き目がついたら、トングなどでナーンをはさみ、中火にしたガスの直火の上にかざして、片面ずつ各三秒程度焼けばできあがり。

おいしく作るコツ

・インドのナーンには卵やヨーグルトが入り、イーストの代わりにベーキングパウダーや重曹でふくらませることがほとんどです。

・最後に直火で焼くことで、タンドゥールに似た香ばしさを演出します。もともとはチャパティに用いられるテクニック、ぜひ挑戦してください。

・発酵時間は、夏場だと表記の半分くらいでも大丈夫です。

✻チャパティ（全粒粉の薄焼きパン）

全粒粉ならではの滋味深い味わいで、インド全国で好まれる無発酵の薄焼きパン。北インドと南インドでは大きさや厚み、焼き方が少し異なります（口絵⑤参照）。

材料（六枚分）　全粒粉二カップ強、塩小さじ四分の一、水一カップ弱、全粒粉（打ち粉）少々

主な調理器具　ボール、のし板、のし棒、トング、フライパン

調理時間　五〇分

生地の準備

①ボールに全粒粉を入れて、塩を加える。

②全体をサックリと混ぜたら、まず分量の水の半分だけを加えて粉とよくミックスする。この時点ではまだボソボソとした状態。

③残りの水を数回に分けて加えながら、まとまるように練り込んでいく。

④ボール状にまとまるようになったら、のし板に移し、体重をかけながら生地がなめらかになるまでよく練る。
⑤練れたらボールに入れ、濡れぶきんをかけて三〇分ほど寝かせる。

のばし方と焼き方

①生地をちぎって、一つずつピンポン球大のボール状にまるめる（五〇グラム程度）。
②薄く全粒粉の打ち粉をしたのし板にボールをのせ、のし棒で直径二〇センチ弱の円形にのばす。
③直径二〇センチ以上のフライパンを用意し、弱火で熱する。油はひかないこと。フライパンが熱くなったらチャパティをのせる。
④一分ほどすると、チャパティの外側が熱で少しそりかえり気味になる。また生地の中の空気がふくらんで、表面にプツプツと盛り上がりができはじめるはず。ここで裏返し、裏面も同様に焼く。両面にこげめがついたらすでに焼きすぎ。こげないように注意。
⑤フライパンがのっているのとは別のコンロの口火をつけ、強火にしたら、トングなど

でチャパティをはさんで直火の上にかざす。一口だけだったらフライパンをはずして火を強め、やはり直火にチャパティをかざす。

⑥火に当たった面に焼き色がつくのと同時に、生地内部の空気が外に出ようとしてチャパティの両面がプーッとふくらむ。ここでひっくり返して、もう片面にも同様に焼き色をつける。

⑦焼けたチャパティは皿などに移し、冷めないように上からふきんをかけておく。

おいしく作るコツ

・生地が軟らかすぎると、のばした際のし棒やのし板にくっついてしまいます。生地は硬めに練りましょう。

・焼きすぎるとカチカチになり、おいしくありません。何枚か焼いてタイミングを会得しましょう。

✵手羽先のタンドゥーリ・チキン風ロースト

タンドゥーリ・チキンの味つけを応用し、ご家庭でオーブン焼きができるようにしました。

材料（四人分） 鶏手羽先八本、レモン汁少々

パウダー・スパイス……赤唐辛子粉小さじ二分の一

タンドゥーリ・マサラ（漬け込み用マサラ）……ヨーグルト一カップ、ターメリック小さじ四分の一、赤唐辛子粉小さじ二分の一、ガラム・マサラ小さじ一、塩小さじ一、レモン汁少々、ジンジャー・ガーリック・ペースト（ショウガとニンニク同量のすりおろし）大さじ一

主な調理器具 ボール、おろし金、オーブン

調理時間 一〇分（浸け込み時間六時間は除く）

下ごしらえと調理

①手羽先は一度水洗いして、水気をよくふき取る。
②表と裏に、骨と垂直方向の切り込みを三、四カ所入れてから、ボールに移す。
③レモン汁と赤唐辛子粉をまんべんなくまぶしつける。
④別のボールにタンドゥーリ・マサラの材料をすべて入れ、よくミックスする。
⑤下ごしらえした手羽先を入れてマサラによく浸す。カットした切れ込みの間にもマサラをすり込めば、焼いたときによりおいしい。
⑥冷蔵庫の中でできれば六時間以上寝かせる。
⑦調理の際は、手でマサラをごく軽くぬぐい取ってから、オーブンで焼きあげればできあがり（二五〇度で一〇分が目安）。

おいしく作るコツ

・手羽先以外に手羽元や骨つきモモ肉などでもできます。
・焼く際は、浸け込んだマサラを取りすぎないようにしましょう。

＊チキンスープ

鶏手羽元で作る簡単で便利なスープです。

材料（四人分） 鶏手羽元八本、水一二〇〇ml、つぶしたニンニク一片、ショウガのスライス五枚、塩小さじ二分の一

ホール・スパイス……ブラック・ペパー小さじ二分の一、クミン・シード小さじ二分の一（どちらも軽く空炒りしてから、粗くすりつぶしておく。市販の粗挽きブラック・ペパー小さじ二分の一とクミン・パウダー小さじ四分の一でも代用可能）

主な調理器具 直径二〇センチ程度の鍋、フタ

調理時間 三五分

調理

①手羽元を洗ってから鍋に入れ、水、ニンニク、ショウガを加え、火にかける。

②アクを取り、差し水（分量外）をしながらスープを取る。

③よくダシが出たら、粗くすりつぶしたホール・スパイス、塩で味を調える。

おいしく作るコツ

・手羽元のほか、手羽先、骨つきブツ、鶏モモ、鶏ムネなどお好みの部位が使えます。

・インド人のレストランでは煮込んだ肉をいったん取り出し、骨から肉をはずし、再びスープに裂いた肉を入れて供したりもします。

クミン・シードとブラック・ペパーが香りの決め手。忘れずに加えたいものです。タマネギやニンジン、ダイコン、ジャガイモなど、お好みの野菜を合わせて煮込んでもおいしいです。

2 南インド料理

日本人にもピッタリの菜食パラダイス

ここからは、これまで紹介されることの少なかった南インド料理をクローズアップします。

南インドでは、日本と同じくご飯を主食として、野菜をメインとしたさまざまなおかずをいっしょに食べます。唐辛子やコショウの辛味、トマトやタマリンドの酸味、ココナッツの甘味の絶妙なハーモニーが特徴。北インド料理に比べて油が少なく、あっさりしています。

断然日本人の嗜好に合うと思います。

本章では〝テンパリング〟という手法が多用されます。北インドのダールのレシピの最後に登場したテクニックです。

フライパンにサラダ油（ダールではギー）を少し入れたら、ホール・スパイスなどを加え、香りの出た油をスパイスごと料理に投入するわけです。ここではその材料を一括で表記しました。

またヒングとカレー・リーフは入手が難しいかもしれません。そういう場合は省略してください。ただし本場のレシピはこうだ、ということを示すため、あえてそのままレシピには載せてあります。ご参考にどうぞ。

南インドの定番料理、ラッサムとサンバル

まずは南インドで広く食べられているラッサムとサンバルを作ってみましょう。どちらもいわば、南インドのみそ汁のような存在。これがなければ南の食事は始まりません。

✺ラッサム

ペパーウォーターとも呼ばれます。ニンニクやブラック・ペパー、トマトなどを入れた辛くて酸味のあるスープカレー。ご飯にかけて食べますが、スープとして飲むこともあります。ダールを入れるもの、入れないもの、さまざまなレシピがありますが、これは標準的なスタイル（口絵⑥参照）。

材料（四〜六人分） トゥール・ダール四分の一カップ（なければムング・ダールで代用）、水四カップ、ニンニク一個、トマト二個、青唐辛子二本（なければ省略）、タマリンドピンポン球大二分の一（インド製タマリンド・ペーストを使用するときは小さじ一・五）、塩小さじ二、香菜のみじん切り大さじ山盛り一（なければ省略）、サラダ油大さじ二

パウダー・スパイス……ターメリック小さじ四分の一、赤唐辛子粉小さじ一

テンパリング用ホール・スパイス……マスタード・シード小さじ一、ウラド・ダール小さじ一、タカノツメ二本、ヒング小さじ八分の一、カレー・リーフ一〇枚（なければ省略）、クミン・シード小さじ二分の一、メティ・シード小さじ四分の一

ラッサム・パウダー用ホール・スパイス……ブラック・ペパーとクミン・シード各小さじ二分の一

主な調理器具　直径二〇センチ程度の鍋

調理時間　二五分（下ごしらえを除く）

下ごしらえ

①洗ってゴミを取り除いたトゥール・ダールを鍋に入れたら、一・五カップ程度の水（分量外）を加え、途中で蒸発分の水を足しながらダールがつぶれるまでよく煮込んでおく（サンバル用にトゥール・ダールを煮込んだ際の上ずみを一カップほどキープしてもいい）。できあがりは一カップ程度。

②ダールが軟らかくなったら、ホイッパーなどでよくかきまわして、粒をつぶしておく。

③ニンニクはみじん切り、トマトは四つ割りにしておく。青唐辛子は縦にスリットを入れておく。

④ボールに四カップの水を入れ、ニンニクのみじん切り、四つ割りにしたトマト、青唐辛子、香菜、小さじ二の塩、パウダー・スパイス二種を加え、トマトをもみつぶすよ

うにして混ぜる。これがラッサムのベースとなる。

⑤タマリンドを一カップのお湯（分量外。四〇度ぐらいのぬるま湯でいい）に浸したら、五分から一〇分放置し、その後手を使ってエキスをよくもみだしておく。エキスを取った後の種やカスはなるべく取り除くか、こしておく。ペーストの場合は一カップのぬるま湯（分量外）でよく溶いておく。

⑥ラッサム・パウダー用の二種類のスパイスはこがさない程度にいっしょに軽く空炒りしてから、乳鉢と乳棒あるいはスパイス・ミルなどで粗挽きする。

調理

①厚手の鍋にサラダ油をたらしたら中火にし、マスタード・シードを入れる。

②パチパチいったらテンパリング用スパイスの残り全量を入れ、こがさないように鍋をゆすりながらしばらく加熱する。

③ウラド・ダールとメティ・シードの色が茶色く変わりはじめたら、ラッサムのベース（下ごしらえ④）を全部鍋に入れる。

④煮立ってきたらタマリンドのエキス（下ごしらえ⑤）を加える。

⑤フタはせずに一〇分から一五分煮て、トマトが十分に煮崩れたら、煮込んだダール(下ごしらえ②)を煮汁ごと入れ、さらにラッサム・パウダーも加える。

⑥ダールを加えたら、あまり沸騰させずに二～三分煮ればできあがり。塩加減をチェックする。

おいしく作るコツ

・マスタード・シードは必ずパチパチとはじかせてください。南インド料理の基本です。

・タマリンドの濃さでかなり味わいと色味が変わります。お好みの配合を見つけてください。

◎ラッサムのバリエーション

トマト・ラッサム……トマトの量を一・五倍程度に増やします。

レモン・ラッサム……できあがりにレモンをグッと絞り、レモンの輪切りを浮かべます。

ダール・ラッサム……ダールの量を倍程度に増やします。

ワンポイント・コラム

世界三大スープの謎

タイのトムヤムクンが紹介されるとき「世界三大スープの一つ」といわれることがあります。そんなとき、皆さんフムフムと無防備にうなずいているようですが、「じゃあ他の二つって何だい？」と突っ込みたくなるのは私だけでしょうか。

私が世界のスープのうち絶品モノを挙げるとしたら、まずは日本のみそ汁、そしてこのラッサムははずせません。他はどうでもいいのですが、ま、無難に中国のフカヒレスープかフランスのコンソメというところでしょうか。トルコの羊の内臓のスープもイケますが。

✺ナスのサンバル

サンバルはラッサムと並ぶ南インド菜食の定番。ご飯によく合う野菜入り豆カレーです。やはりいろいろなレシピがあります。一般的と思われるものをご紹介しましょう。

材料（四人分）　トゥール・ダール二分の一カップ（なければ同量のムング・ダールで代用）、水六カップ程度、タマネギ二分の一個、二センチ程度にカットしたナス二本、トマト二分の一個（刻んで二分の一カップ）、青唐辛子二本（なければ省略）、タマリンド　ピンポン球大二分の一（約一五グラム。インド製タマリンド・ペーストを使用するときは小さじ一・五）、カレー・リーフ一〇枚（なければ省略）、塩小さじ二、香菜のみじん切り大さじ一（なければ省略）、サラダ油大さじ二

パウダー・スパイス……ターメリック小さじ四分の一、赤唐辛子粉小さじ二分の一、コリアンダー・パウダー小さじ一

サンバル・パウダー……コリアンダー・シード小さじ一、クミン・シード小さじ二分の一、メティ・シード小さじ四分の一、タカノツメ二本、生米小さじ八分の一

テンパリング用ホール・スパイス……マスタード・シード小さじ一、ウラド・ダール小さじ一、タカノツメ二本、ヒング小さじ八分の一（なければ省略）、クミン・シード小さじ二分の一、メティ・シード小さじ四分の一

主な調理器具　直径二〇センチ程度の鍋

調理時間　三五分

下ごしらえ

①タマネギは一センチ角程度の厚切りにスライスする。

②青唐辛子はスリットを入れる。

③トマトはザクザクと粗みじん切りにしておく。

④タマリンドを一カップのぬるま湯にひたし、五分から一〇分ほど放置し、その後エキスをよくもみだしておく。エキスを取った後の種やカスはなるべく取り除くか、こしておく。ペーストの場合は一カップのお湯でよく溶いておく（湯は分量外）。

⑤サンバル・パウダーのスパイスは、油をひかないフライパンなどでこがさないよう空炒りしてから、乳鉢やスパイス・ミル、ミキサーなどでよくすりつぶしておく。

⑥トゥール・ダールを一度水洗いし、厚手の鍋に入れ、ダールより二センチほど高い水位の水（約六カップ）で煮る。途中で水位が低くなってきたら、適宜お湯か水をさしてヒタヒタの水加減をキープする。

⑦ダールが軟らかくなったらバーミックスやホイッパーで鍋をかき混ぜ、ダールの粒を

極力つぶしてしまう。

調理

①厚手の鍋に大さじ二程度のサラダ油を入れたら中火にして、マスタード・シードを入れる。こがさないように鍋をゆすりながらしばらく加熱する。
②パチパチいいはじめたら、弱火にして他のテンパリング用スパイスも加える。
③ウラド・ダールが茶色になったら、タマネギのスライス、トマトの粗みじん切り、カレー・リーフ、青唐辛子を鍋に入れる。
④タマネギが透明になり、トマトがつぶれるよう三分ほど炒める。
⑤ナスを加え、一〜二分炒める。
⑥弱火にしてパウダー・スパイスと塩を入れる。
⑦そのまま弱火で三〇秒ほど水気を加えずに炒める。
⑧まずタマリンドのエキス（下ごしらえ④）を加え、次にヒタヒタまで水（分量外）を足したら、火力を中火程度にして沸騰させ、さらに二〜三分煮込む。
⑨トゥール・ダールとサンバル・パウダーを鍋に加え、一〇分ほど煮る。最初はサラサ

ラしたグレービーが、少しトロみの出た状態になるのがよい。

⑩火を止め塩加減をチェックし、香菜をふりかける。できあがりは八〇〇〜一〇〇〇ml程度。

おいしく作るコツ

・タマネギは具材のようなものなので、よく炒める必要はありません。

・なおダールを煮るとき、圧力鍋を使えば効率的。二分の一カップのダールが四倍の二カップ程度になっていればいい。

◎サンバルによく合う野菜

サンバルはいろいろな野菜で作ることができます。ナスの他、インド人がよく使用するのはダイコン、ニンジン、オクラ、インゲン、ホウレンソウ、赤ピーマン、カボチャなど。複数の野菜で作るのもいいものです。

サンバルにポリヤルやライタ、あるいはプレーンなヨーグルトを合わせれば、それだけで南インド風のヘルシーな食事ができあがります。肉や魚、卵がなくても、充実感に満ちた南インドのベジタリアンの世界を手軽に楽しめます。

野菜のスパイス炒め、ポリヤル

北インドのサブジに相当するのがポリヤルです。使用するスパイスの組み合わせが異なるほか、挽き割り豆であるダールを乾燥したまま油で炒めたり、仕上げにココナッツをふりかけたりと、北とはかなり異なる個性が光ります。やはり、ご飯によく合う味わいです。

✺キャベツとグリーンピースのポリヤル

キャベツとグリーンピースを素材にベーシックなポリヤルをご紹介します。慣れればむしろ北のサブジより簡単かもしれません。まずはこのレシピをマスターしましょう（口絵⑥参照）。

材料（四人分） キャベツ二分の一程度（約四〇〇グラム）、冷凍グリーンピース一カップ、ココナッツ・ファイン大さじ二、塩小さじ二分の一、カレー・リーフ一〇枚、サラダ油大さじ二

ホール・スパイス……マスタード・シード小さじ一、ウラド・ダール小さじ一、ヒング少々、タカノツメ二本、クミン・シード小さじ二分の一

パウダー・スパイス……ターメリック小さじ四分の一、赤唐辛子粉小さじ四分の一

主な調理器具 フライパンか中華鍋、フタ

調理時間 二〇分

下ごしらえと調理

①キャベツはザクザクと粗い千切りに刻んでおく。グリーンピースは解凍しておく。

②フライパンか中華鍋にサラダ油を入れ中火にし、マスタード・シードを入れる。

③こがさないように鍋をゆすりながらしばらく加熱する。

④マスタードがパチパチしはじめたら弱火にし、残りのホール・スパイスとカレー・リ

ーフを入れる。

⑤やはり鍋をゆすりながら加熱し、ダールが軽く色づくまで炒める。こがさないように。

⑥キャベツとグリーンピースを加え、全体を混ぜ込むようにして中火で炒める。

⑦パウダー・スパイスと塩を加え、さらに軽く全体を混ぜる。

⑧弱火にして、フタをし、ときどきかき混ぜつつ蒸し煮にする。

⑨野菜が好みの軟らかさになったらできあがり。最後にココナッツをふりかけ、全体を混ぜる。塩加減をチェックして火を止める。

おいしく作るコツ

・蒸し上げの度合いですが、インド人はじっくり蒸して、軟らかくするのが好きです。しかし、日本の場合、歯応えのある方がお好きな方が多いと思います。そのあたりはお好みで調整してください。

・ターメリックと赤唐辛子粉が入らないバージョンもあります。

仕上げにふりかけるココナッツを省略したレシピも、よりあっさりとした風味でいいものです。サンバルやラッサム、チキンカレーなど、汁気のある料理と合わせるのが本場流。冷めてもおいしいので、お弁当のおかずにもおすすめです。

◎ポリヤルによく合う野菜

ジャガイモ、カリフラワー、インゲン、ナス、カボチャ、生のホウレンソウ、ニンジンなど、このレシピでおいしく調理できます。火の通りを考え、小さくカットして鍋に入れてください。

＊ジャガイモのロースト

ポリヤルからココナッツを抜き、辛さをアップさせたような料理です。シンプルですが、おかずにも、酒の肴にも最適。おすすめです（口絵⑥参照）。

材料（四人分）　ジャガイモ三個（四〇〇グラム程度）、サラダ油大さじ二、塩小さじ二分の一、レモン汁少々

ホール・スパイス……マスタード・シード小さじ一、タカノツメ二本、ウラド・ダール小さじ一（なければ省略）、ヒング少々

パウダー・スパイス……ターメリック小さじ四分の一、赤唐辛子粉小さじ二分の一

主な調理器具　フライパンか中華鍋、フタ、ボール

調理時間　二〇分

下ごしらえと調理

①ジャガイモの皮をむき、一センチ程度の角切りにしたら、ボールに入れる。

②レモン汁とパウダー・スパイス二種を全体にまぶしたら、一〇分放置する。

③フライパンか中華鍋にサラダ油を入れ、中火にする。

④マスタード・シードを加える。

⑤マスタード・シードがパチパチはじけたら火を弱め、他のホール・スパイスも加える。

⑥こがさないよう注意しつつ、ウラド・ダールが少し色づいたら、ジャガイモを加える。ボールの底の水はこのときキープしておき、後の⑦で加えてもよい。

⑦軽く塩をふって、サラダ油を全体に絡めるようにミックスしたら、フタをして弱火で

蒸し煮にする。このとき、こげつき防止にボールの底の水、または水三〇ml程度（分量外）を加えてもいい。

⑧ときどきかき混ぜつつ、ジャガイモに火が通ったら完成。最後に塩加減を調える。

おいしく作るコツ

・ジャガイモを生から炒めます。小さく切って火の通りをよくしてください。

・ダールのカリカリとした食感が絶妙なアクセントになります。が、省略しても十分おいしいので、無理してすべての食材をそろえなくてもいいです。

現地では、このローストをご飯とよく混ぜるようにしてから口に運び、楽しみます。実際一度やってみると、病みつきになるおいしさです。おかずのほか、ビールやワインの肴にもぴったり。ぜひお試しください。

ダールとココナッツでまろやかなクートゥ

クートゥとは、野菜をダールといっしょに軟らかく煮て、クミン、グリーン・チリ、ココナッツなどで味つけしたポッテリとした料理。サンバルやラッサムと違ってあまり辛くしないのが普通です。

✺ダイコンとムング・ダールのクートゥ

野菜と挽き割り豆のココナッツ煮込みがクートゥ。味の決め手はクミンの利かせ方です。「クートゥはクミン風味」と覚えておくといいでしょうね。

材料（**四人分**）　ムング・ダール二分の一カップ、イチョウ切りにしたダイコン三カップ分、スリットを入れた青唐辛子二本（またはシシトウの小口切り四本分）、カレー・リーフ一〇枚（なければ省略）、塩小さじ一、サラダ油大さじ一、ココナッツ・ミルク缶一カップ

パウダー・スパイス……ターメリック小さじ四分の一、クミン・パウダー小さじ山盛り一（同量のクミン・シードを空炒りしてから、乳鉢やスパイス・ミルのようなもので微細に粉砕

してもいい。これは「ロースト・クミン・パウダー」という手法)
テンパリング用ホール・スパイス……マスタード・シード小さじ一、タカノツメ二本、ヒング少々(なければ省略)

主な調理器具　直径二〇センチ程度の厚手の鍋、フタ、フライパンか中華鍋

調理時間　三〇分

下ごしらえ

①ムング・ダールはサッと水洗いしてゴミを取り除く。事前に浸水する必要はない。

②青唐辛子は縦にスリットを入れる。シシトウの場合は小口切りにする。

調理

①鍋に水切りしたダールを入れ、二センチ上まで水(分量外)を加えて中火にかける。

②沸騰してきたら表面に浮いてきたアクをすくい、弱火にして、青唐辛子かシシトウ、あればカレー・リーフも加えて煮込む。

③途中で水が減ったら適宜お湯を少しずつ足し、ヒタヒタの水加減をキープしながらダ

ールが手指でつぶれるくらいの軟らかさまで煮る。三〇分かからないはず。
④ダールが軟らかくなったら（煮崩れなくてよい）、弱火のままスライスしたダイコンとターメリックを加え軽くミックスする。
⑤さらにクミン・パウダー、塩、ココナッツ・ミルクを加える。
⑥鍋底がこげそうだったら、少しずつ差し水（分量外）をしながら煮る。
⑦ダイコンに火が通ったら、仕上げにテンパリングする。フライパンか中華鍋にサラダ油を入れ、弱火でテンパリング用のスパイスを入れ中火にする。
⑧しばらくしてマスタード・シードがパチパチとはじけたら、油ごと鍋に入れる。
⑨全体をサッとかき混ぜ火を止め、塩加減をチェックしたらできあがり。お好みで香菜（分量外）をふりかける。

おいしく作るコツ
・ダールがほぼ煮えてから、ダイコンを入れましょう。早く入れすぎると煮崩れます。
・またクートゥはポッテリしている方がいいので、サンバルやラッサムのようにあまりシャバシャバにはしないように。

他の南インド料理同様、ご飯に合います。ココナッツの風味がダールと野菜に浸みて、いかにも南っぽいムードの料理です。

ナス、カボチャ、サツマイモ、ホウレンソウ、オクラなどでもイケます。本式にはクミン・シードとグリーン・チリ、ココナッツの果肉をミキサーにかけた特製マサラを作り、それを加えて仕上げます。このマサラはポリヤルにも使えます。

まだある南インド野菜料理ガイド

南インド料理にはラッサム、サンバル、ポリヤル、クートゥの他にも、いろいろな野菜の調理法があります。ここでは、簡単でおいしいものをピックアップしてみます。

✺キャベツとムング・ダールのポリヤル

固ゆでしたムング・ダールを仕上げに加えるキャベツのスパイス炒め蒸し。豆のほっこりした食感とキャベツの風味がうまくマッチして美味です。

材料（**四人分**）　キャベツ二分の一個（約四〇〇〜五〇〇グラム）、ムング・ダールカップ四分の一（なければほかのダールで代用可能）、タマネギのみじん切り四分の一個分、ココナッツ・ファイン大さじ山盛り二、塩小さじ二分の一強、カレー・リーフ一〇枚、サラダ油大さじ一〜二

ホール・スパイス……マスタード・シード小さじ一、ウラド・ダール小さじ一、ヒング小さじ八分の一、タカノツメ二本、クミン・シード小さじ二分の一

パウダー・スパイス……ターメリック小さじ四分の一、赤唐辛子粉小さじ四分の一

主な調理器具　フライパンまたは中華鍋、フタ、雪平鍋

調理時間　二〇分

下ごしらえ

①キャベツは粗い千切りにしておく。

②ムング・ダールはサッと水洗いしたら、雪平鍋で二カップ程度の水（分量外）、味つけ

用の少量の塩（分量外）とともに、芯がなくなる程度に固ゆでしておく。ゆであがったらザルなどに取っておく。

調理

①フライパンか中華鍋にサラダ油を入れたら中火にし、マスタード・シードを入れ、鍋を軽くゆすりながら加熱する。
②マスタードがパチパチしはじめたら、他のホール・スパイスも加える。
③ウラド・ダールが少し色づいたら、タマネギ、カレー・リーフを加える。
④タマネギを透明になるまで炒めたら、キャベツ、パウダー・スパイス、塩を加え、全体を混ぜ込むようにして炒める。
⑤弱火にして、フタをしながら、ときどきかき混ぜつつ蒸し煮にする。
⑥キャベツが軟らかくなってきたら、ゆでたムング・ダールを加え全体をサッと和える。
⑦一分ほど蒸し煮にすればほぼできあがり。水気のないよう仕上げる。もし鍋底に水がたまっていたら、フタを取り、強めの火で飛ばす。
⑧最後にココナッツをふりかけ、全体を混ぜる。塩加減をチェックして火を止める。

おいしく作るコツ

・ムング・ダールをゆですぎないように。ドロドロにしてしまってはいけません。

・キャベツの蒸し具合も、日本人は浅めが好きという方が多いはず。そのため千切りも五ミリから一センチの粗いものでいいと思います。

ムング・ダールをほかのダールに代えても美味です。やはり、ゆですぎないようにしてキャベツに加えます。サンバルやラッサム、あるいはチキンカレーなどの副菜としてお楽しみください。

✺カボチャのポリヤル・フェンネル風味

普通のポリヤルとはスパイスの組み合わせが違う、カボチャ専用のレシピです（口絵⑦参照）。

材料（四人分） カボチャ四分の一個（刻んで四〇〇グラム程度）、スリットを入れた青唐辛子二本（なければシシトウの小口切り四本分で代用）、カレー・リーフ一〇枚、サラダ油大さじ二、塩小さじ二分の一、ココナッツ・ファイン大さじ山盛り一

ホール・スパイス……フェンネル・シード小さじ一、メティ・シード小さじ四分の一、タカノツメ二本

パウダー・スパイス……ターメリック小さじ四分の一、赤唐辛子粉小さじ四分の一

主な調理器具 フライパンか中華鍋、フタ

調理時間 一五分

下ごしらえ

①カボチャは皮つきのまま一センチ強の角切りにする。

②青唐辛子は縦半分にスリットを入れる。シシトウの場合は小口切りに。

調理

①フライパンか中華鍋にサラダ油を入れて火をつける。弱火でホール・スパイスを加え

たら、中火にする。メティ・シードをこがさぬよう注意しながら、しばらく油に香りを移す。
②スパイスのいい香りがしはじめたら、カレー・リーフ、青唐辛子またはシシトウを加える。
③さらにいい香りがしてきたら、カボチャも入れて、サッと全体を炒め合わせる。
④弱火にし、パウダー・スパイスと塩を加えて、全体に絡ませる。
⑤フタをして弱火で蒸し煮にする。途中でこげそうになったら、分量外の水を少量差す。
⑥カボチャに火が通ったのを確認したら、火を止める直前にココナッツ・ファインをかけ、軽く混ぜる。塩加減をチェックして完成。

おいしく作るコツ

・生のカボチャは意外に早く火が通ります。とはいえ、あまり大きなカットは禁物。サイズをそろえて角切りにしてください。
・フェンネル・シードとともに、メティ・シードのほろ苦さが絶妙な隠し味になります。

カボチャとフェンネル、そしてメティ・シードの相性のよさに驚かされます。素材とスパイスの関係性を知るのに最適な料理といえましょう。カボチャの代わりにサツマイモで作ってもおいしくできます。やはり小さくカットして、生のまま調理してください。

✺ホウレンソウのココナッツ煮

クートゥの一種ですが、ダールは使わず、ココナッツ・ミルクだけでホウレンソウをやさしく煮込んでいきます。現地ではホウレンソウ以外、さまざまな青菜を使います（口絵⑦参照）。

材料（四人分）　ホウレンソウ二束、タマネギのみじん切り四分の一個分、ショウガのみじん切り大さじ山盛り一、スリットを入れた青唐辛子二本（またはシシトウの小口切り四本分）、塩小さじ二分の一、サラダ油大さじ二、ココナッツ・ミルク缶一カップ、カレー・リーフ一〇枚

ホール・スパイス……マスタード・シード小さじ一、ウラド・ダール小さじ一、タカノ

ツメ二本、ヒング小さじ八分の一、クミン・シード小さじ二分の一、メティ・シード小さじ四分の一

パウダー・スパイス……ターメリック小さじ四分の一、赤唐辛子粉小さじ二分の一

主な調理器具　フライパンか中華鍋、フタ

調理時間　二〇分

下ごしらえ

①ホウレンソウは生のままできるだけ細かく刻んでおく。

②タマネギとショウガはみじん切り。

調理

①フライパンか中華鍋にサラダ油を入れ、中火にし、マスタード・シードを加える。

②マスタードがパチパチしたら、火を弱め、他のホール・スパイスを入れる。

③ウラド・ダールが色づいたら、タマネギとショウガ、カレー・リーフを加えて炒める。

④タマネギが透明になったらホウレンソウと青唐辛子またはシシトウを加え、全体をよ

く混ぜる。

⑤ホウレンソウがしんなりしてきたら火を弱め、パウダー・スパイスと塩を加え、さらに炒める。

⑥ココナッツ・ミルクを入れ、フタをしたら、ときどきかき混ぜ一〇分煮込む。

⑦ホウレンソウがトロッとしたらできあがり。塩加減を調整して火を止める。

おいしく作るコツ

・ホウレンソウを生から煮るのはインド料理でよくやる手です。アクの気になる方はゆでてから細かくカットしたものを使ってください。

・ショウガの代わりにニンニクのみじん切り一個分を入れたり、両方入れても美味。

・ポリヤル等同様、パウダー・スパイスを一切入れないパターンもあります。

ホウレンソウの代わりに小松菜を使っても美味。ただし、ホウレンソウほど煮込まない方がおすすめです。また、意外と相性がいいのがモロヘイヤ。南インドにもモロヘイヤとよく似た葉野菜があります。葉を摘み取り、ザクザクと刻んで調理してください。

モロヘイヤのとろみがココナッツ・ミルクとよく合います。

✹ケララの野菜シチュー

インド南西部にあるケララ州はココナッツとスパイスの大産地。そうした土地柄を反映した特徴的なレシピで、お好みの野菜を組み合わせて作るシンプルな煮込み料理です。辛くありません（口絵⑦参照）。

材料（四人分） お好きな野菜をカットしたもの三カップ程度、タマネギのみじん切り二分の一個分、ジンジャー・ガーリック・ペースト（ショウガとニンニク同量のすりおろし）大さじ一、シシトウの小口切り四本分、塩小さじ二、サラダ油大さじ二、ココナッツ・ミルク缶二カップ、カレー・リーフ一〇枚（なければ省略）、水適量、ジャガイモ二分の一個

ホール・スパイス……クローブ四粒、シナモン・スティック三センチ、グリーン・カルダモン四粒、ブラック・ペパー一〇粒、ベイリーフ一枚（スターアニス＝八角を二片程

度を入れることも多い）

主な調理器具　直径二〇センチ程度の鍋、フタ、おろし金

調理時間　四〇分

下ごしらえ

①ジャガイモ、ニンジン、ダイコン、グリーンピース、インゲン、カリフラワー、ブロッコリー、オクラ、キャベツ、ピーマンなど、お好きな野菜をいくつか組み合わせて、どれも食べやすい大きさにカット。本場流にするなら全体的に小さめサイズ。

②ココナッツ・ミルク缶は二カップのうち四分の一程度を別にしておく。

③ジャガイモ二分の一個は皮つきのままゆで、ゆであがったら皮をむき、牛乳（分量外）かココナッツ・ミルク（分量外）を少量加えつつ、マッシュポテトの要領でつぶしておく。

調理

①鍋にサラダ油を入れ中火にしたら、ホール・スパイスを入れる。鍋をゆすり、こがさ

ないようにして香りを油に移す。
②クローブとカルダモンが油を吸ってふくらんだら、タマネギと、あればカレー・リーフを加えて炒める。
③タマネギが透明になったら、弱火にしてジンジャー・ガーリック・ペーストを加える。
④シシトウを加え、サッと炒め合わせる。
⑤煮えにくい野菜から順に鍋に加え炒め合わせてから、ココナッツ・ミルクの四分の三を入れ、塩を加えて煮る。水加減は常にちょうど具材が隠れるくらい。差し水をしながら調整する。
⑥野菜に火が通ったら、残り四分の一のココナッツ・ミルクとマッシュポテトを加え、ひと煮立ちすればできあがり。

おいしく作るコツ

・この料理も含め、南インド料理の多くは、北インドのようにタマネギをハーフ・フライまで炒めなくても大丈夫です。透明になったら次のプロセスへ行ってください。
・野菜の組み合わせはお好みで。

現地ではご飯のほか、米の粉から作ったフワフワの変形ドーサ「アッパム」や、小麦粉パンの一種「パローター」などといっしょに食べます。スパイスの香りとココナッツの甘味が、いかにも南国的で不思議なハーモニーを奏でてくれます。

南インド独特のライス・バリエーション

北インドでは「プラオ」のような炊き込みご飯が得意ですが、南インドでは、いったん白いご飯を普通に炊いてから具と混ぜる「混ぜご飯」が主流。

現地ではインディカ米を使いますが、日本の米でも同じようなニュアンスにすることは可能です。ここでは特に簡単でおいしいものをピックアップしました。ぜひトライしてください。

✺レモン・ライス

ターメリックで黄色く仕上げた、さっぱり味のご飯です（口絵⑧参照）。ポリヤルやライタとよく合います。

材料（三人分）　米二合（長粒米がベター）、スリットを入れた青唐辛子二本（なければシシトウの小口切り四本分、あるいはピーマンのみじん切り一個分で代用）、ショウガのみじん切り大さじ一、サラダ油大さじ二、塩小さじ二分の一、レモン汁大さじ二～三

ホール・スパイス……マスタード・シード小さじ一、ウラド・ダール小さじ一、タカノツメ二本、カレー・リーフ一〇枚（なければ省略）

パウダー・スパイス……ターメリック小さじ二分の一

主な調理器具　フライパンか中華鍋

調理時間　一〇分（炊飯時間を除く）

下ごしらえと調理

①米をやや硬めに炊いておく。

②フライパンか中華鍋にサラダ油を入れ、中火にして、マスタード・シードを加える。

③パチパチしたら火を弱め、他のホール・スパイスを加える。
④ウラド・ダールが少し色づいたら、青唐辛子とショウガを加えて香りを出し、さらにターメリックも加えたら、軽く混ぜて火を止める。
⑤ご飯にフライパンの中味を全部入れ、さらにレモン汁と塩も加える。
⑥ライス全体にターメリックのきれいな色がつくまで、切るようにして混ぜればできあがり。味つけは、塩とレモンの酸味がほのかに感じられるくらいに。

おいしく作るコツ

・ターメリックを入れすぎたり、材料をこがすと色が汚くなります。
・また、たとえ中華鍋を使って調理しても、これは炒めご飯ではありませんから間違えないように。炒めると、やはり香りと色がわるくなります。

ラッサム、サンバル、ポリヤル、クートゥといった南インドの野菜料理はもちろん、チキンやキーマのカレー、マサラといった北の肉料理ともよく合います。

＊ココナッツ・ライス

これも南インドならではのご飯料理です。ココナッツのフレークを混ぜ込みます（口絵⑧参照）。

材料（三人分） 米二合、塩小さじ二分の一、サラダ油大さじ一、カレー・リーフ一〇枚、ココナッツ・ファイン二分の一カップ、ショウガのみじん切り大さじ山盛り一、カシューナッツ大さじ山盛り一

ホール・スパイス……マスタード・シード小さじ一、ウラド・ダール小さじ一、タカノツメ二本

主な調理器具 フライパンか中華鍋、ボールや雪平鍋など

調理時間 一〇分（炊飯時間を除く）

下ごしらえ

①米は普通に炊いておく。

②フライパンか中華鍋でココナッツを空炒りする。火は弱火で。しばらくすると少し茶色っぽく色づくので、ボールなどに取っておく。

調理

①フライパンか中華鍋を用意し、サラダ油を入れたら中火にし、マスタード・シードを加える。
②パチパチはじけたら弱火にして、他のホール・スパイスとカレー・リーフ、カシューナッツを加える。
③ウラド・ダールとカシューナッツが茶色く色づくまで炒めたら、ショウガを加える。
④いい香りがしたら火を止め、ご飯と空炒りしたココナッツをフライパンに入れて塩をし、よく混ぜ合わせればできあがり。

おいしく作るコツ

・ココナッツをこがさず炒めましょう。

お好みの料理と合わせて楽しんでください。ココナッツの甘味とダールのカリカリした食感がイケるはずです。白ゴマを混ぜて仕上げても美味。

✺カード・ライス（テンパリング・バージョン）

南インドならではのヘルシーな「ヨーグルトご飯」。ヨーグルトは消化をよくし、身体の余分な熱を取ってくれます。特に暑い時季、おすすめです（口絵⑧参照）。

材料（二〜三人分）　ご飯を茶碗に軽く二杯、ヨーグルト二カップ強（ご飯より多めに）、牛乳カップ二分の一、レモン汁大さじ一、ショウガのみじん切り大さじ一、塩小さじ二分の一、サラダ油少々、香菜のみじん切り少々
ホール・スパイス……マスタード・シード小さじ二分の一、ウラド・ダール小さじ二分の一、タカノツメ一本、ヒング少々
主な調理器具　ボールや雪平鍋、フライパンなど
調理時間　一〇分（炊飯時間を除く）

下ごしらえと調理

①米は普通に炊いておく。

②ボールにご飯を入れたら牛乳をまわしかけ、ご飯粒をほぐすように手で混ぜ合わせる。

③レモン汁、ショウガ、香菜、ヨーグルト、塩を加え、全体をミックスする。

④フライパンにサラダ油を入れ中火にしたら、マスタード・シードを加える。

⑤マスタード・シードがパチパチいったら、他のホール・スパイスも加える。

⑥ウラド・ダールの色が少し茶色く変わったら油ごとボールの中身にかける（油の量が多いときは全量をかけずに加減すること）。

⑦もう一度全体を軽く混ぜ、塩加減をチェックしたらできあがり。

おいしく作るコツ

・これはテンパリングするレシピですが、省略してもオーケーです。

・テンパリングしない場合、最後に、さらに香菜やショウガのみじん切りをトッピングすると、風味も見た目も華やかになっておすすめです。トマトのみじん切りをトッピングしたり、混ぜ込んだりしても美味。

マンゴーやチリ、ライムなどのピックルと食べるのが現地での定番ですが、ポリヤルやポテト・ローストなどをつけ合わせたり、ラッサムなどのカレーを上からかけてもおいしいものです。

＊サンバル・ライス

サンバルとご飯のミックス。軽めの昼食や夕食によく食べます（口絵⑧参照）。

材料（一人分）　ご飯を茶碗に一杯分、サンバル一カップ強、ギー少々

主な調理器具　雪平鍋

調理時間　三分

調理

①雪平鍋にサンバルとご飯を入れ、サッとひと煮立ちさせる。
②さらにギーをたらして混ぜればできあがり。トマトの粗みじん切りや刻んだ香菜をあしらえば、より本格的に。

鍋で合わせて火を入れるだけで、ご飯にサンバルをかけただけとは違った味わいになるのが不思議です。同じくラッサムとご飯で「ラッサム・ライス」ができます。

ワンポイント・コラム

ドカめしを食べる南の人たち

インドに行ってびっくりするのが、人々の食べる量のすごさです。特にチェンナイなどの南インドではご飯の量が半端じゃありません。現地の方のお宅で量ったら、一回の食事で一人軽く一合以上たいらげている計算となったこともあります。

また変わっているのが、炊飯器でご飯を炊くときの水の量。インド料理の原書では水の量が米の倍に表記しているものが多くて不思議に思っていたのですが、実際、米四カップに対して水八カップで炊くのには驚きました。しかもおかゆにならず、普通の炊き上がり。米の種類の差でしょうか？　それとも炊飯器が違うのか？　おもしろい事実です。

南インド料理の真髄、ティファン（軽食）

大皿定食を意味する「ミールス」とともに、南インドを代表するのが軽食の「ティファン」です。ここでは作りやすいメニューをピックアップしてみました。

✺バミセリ・ウプマ

バミセリという極細のパスタで作る南インドの家庭料理。ウプマは直訳すると「塩煮」だとか「塩蒸し」の意味。朝食によく食べる、バミセリと野菜の炒め蒸しです（口絵⑨参照）。

材料（四人分）　バミセリ（極細パスタならカッペリーニなども可）を二センチ程度に折って二カップ分（一八〇グラム）、タマネギの乱切り二分の一個分、塩小さじ二分の一強、サラダ油大さじ二、ショウガのみじん切り大さじ山盛り一、スリットを入れた青唐辛子二本、水適宜

ホール・スパイス……マスタード・シード小さじ一、ウラド・ダール小さじ一、タカノツメ二本、ヒング小さじ二分の一、カレー・リーフ一〇枚

主な調理器具　フライパンか中華鍋、フタ

調理時間　一五分

下ごしらえ

①バミセリはたっぷりの湯でゆでて、水切りしておく。くっつかないようにサラダ油少々（分量外）をまわしかけておくとよい。

調理

①フライパンか中華鍋にサラダ油を入れ、中火にしたらマスタード・シードを入れる。

②マスタードがパチパチはじけたら、弱火にして、他のホール・スパイスを加える。
③ウラド・ダールの色が茶色になったらショウガと青唐辛子、タマネギを加え、サッと炒める。
④ゆでたバミセリと塩少々を加える。
⑤全体を和えるようにして軽く炒める。その後フタをして、二～三分蒸し煮にしてもいい。
⑥塩加減をチェックしてできあがり。お好みで香菜（分量外）をふりかける。

おいしく作るコツ

・パスタや麺の感覚よりは軟らかく、コシやアルデンテの概念はありません。それよりもフタをして蒸すことで、スパイスなどの風味をしっかり絡ませることが大事です。

スパイシーなビーフン、あるいは沖縄の「ソーミンチャンプルー」の南インド版とでもいいましょうか。コシのない不思議な麺料理です。現地ではサンバルやチャトニをかけたり、つけたりして食べます。いろいろなカレーと合わせて、お楽しみください。

南インド・スタイルのチャトニ

南インドでドーサやイドゥリといったティファン（軽食）を食べるのに、サンバルとともに欠かせないのが、このチャトニです。日本で売っているジャムに似た甘い「チャツネ」とは違い、スパイシー。ご飯にまぶして食べても相性バツグンの南インドの万能タレです。ココナッツ、トマト、コリアンダー、ミント、タマリンド、ゴマなどいろいろなもので作ります。

✺ココナッツ・チャトニ

ポピュラーな白いチャトニ。甘味と酸味のバランスが重要です（口絵⑨参照）。

材料（四人分） ココナッツ・ファイン一カップ、ショウガのスライス五枚、青唐辛子二本（またはピーマン二分の一個で代用）、塩小さじ一、レモン汁大さじ一、水二分の一〜一カップ（ミキサーの性能による）

テンパリング用スパイス……マスタード・シード小さじ一、ウラド・ダール小さじ一、タカノツメ二本、ヒング小さじ二分の一

主な調理器具　フライパンか中華鍋、ミキサー

調理時間　五分

調理

①ミキサーに材料を入れ、粗めのペーストにグラインドする。

②テンパリングで仕上げる。フライパンにサラダ油（分量外）とマスタード・シードを入れ、中火でマスタード・シードをはじかせる。

③はじけはじめたら、弱火にして他のテンパリング用スパイスを加える。ウラド・ダールの色が茶色になったら、①のチャトニに加える。

おいしく作るコツ

・刻んだ香菜大さじ山盛り一、軽く炒めたタマネギ二分の一個分、やはり軽く炒めた生カシューナッツ一〇粒などをそれぞれ個別に、あるいはすべて入れてから、ミキサー

にかけても美味。

・タマリンドの水溶きをレモン汁の代わりに使うのも本場っぽくていいですね。ティファン類に添えるほか、ご飯に混ぜて食べてもたいへん美味。バゲットやベーグルなどパンにのせてもおいしいです。インド料理以外の、例えばトンカツや唐揚げ、フライなどのソース代わりにも使えます。

◎チャトニのバリエーション

トマト・チャトニ……トマトのフレッシュな味わいとさわやかな酸味が印象的な赤いチャトニ。パスタにかけたり、和えたりしても美味。ココナッツを大さじ二に減らし、代わりにトマト二個を使用。水は加えません。

グリーン・チャトニ……ココナッツを半量に減らし、コリアンダーとミントの葉、それにグリーン・チリをたっぷり用意して、すべてをミキサーにかけます。きれいな緑色のチャトニ。香菜好きにはたまらない味わいに仕上がります。白いご飯にたっぷり混ぜれば「コリアンダー・ライス」のできあがり。

南インドのふりかけ、ポディ

ポディとは、ダールやゴマ、ピーナッツやココナッツなどを、それぞれスパイス類とミックスしてミキサーでパウダーにしたものです。ギーとミックスしてから、さらにご飯と混ぜて食べるのが本場式。こんな料理もあるのが南インドの奥深さでしょうか。

✺ベースン・ポディ

チャナ・ダールのポディです。ポディとギーをよくミックスし、ご飯にまぶしつけて食べます。見た目はきな粉そのもの、食べてびっくりスパイシーです（口絵⑨参照）。

材料（一カップ分）　チャナ・ダール一カップ、ニンニク一個、塩小さじ一
ホール・スパイス……タカノツメ五本、クミン・シード小さじ一
主な調理器具　ミキサー、フライパン
調理時間　三分

調理

①チャナ・ダールとクミン・シードはそれぞれ軽く炒っておく。
②すべての材料をいっしょにミキサーにかけ、細かな粉末にすればできあがり。

南インドはシーフードの宝庫

魚やエビのメニューは南インドのレシピだけを覚えておけば、それだけで十分かもしれません。それくらいおいしいメニューの目白押しです。

✺マラバール・シュリンプカレー

ケララ州で食べられるココナッツとタマリンド味のエビカレー。マラバールはシーフードで有名なマラバール海岸のこと。おすすめのレシピです（口絵⑩参照）。

材料（**四人分**）　エビ中二〇尾、タマネギ二分の一個、ジンジャー・ガーリック・ペースト（ショウガとニンニク同量のすりおろし）大さじ一、トマトの粗みじん切り二分の一個分、タマリンド一五グラム（インド製タマリンド・ペーストを使用するときは小さじ一・五）、ココナッツ・ミルク缶一カップ、塩小さじ二、サラダ油大さじ二、水一カップ、青唐辛子二本（なければシシトウ四本で代用）、カレー・リーフ一〇枚（なければ省略）
ホール・スパイス……マスタード・シード小さじ一、メティ・シード小さじ二分の一
パウダー・スパイス……ターメリック小さじ二分の一、赤唐辛子粉小さじ二分の一、コリアンダー小さじ二

主な調理器具　直径二〇センチ程度の厚手の鍋、おろし金

調理時間　三〇分

下ごしらえ

①エビは、殻と背わたを取っておく。

②タマリンドを一カップのお湯（四〇度ぐらいのぬるま湯）に浸したら、五分から一〇分ほど放置し、手を使ってエキスをよくもみだしておく。エキスを取った後の種やカス

はなるべく取り除くか、こしておく。ペーストの場合は一カップのぬるま湯でよく溶いておく（湯は分量外）。
③タマネギは横半分にナイフを入れてから縦方向に薄くスライスする。
④青唐辛子は縦にスリットを入れておく。シシトウを使うときは小口切りに。

調理

①厚手の鍋にサラダ油を入れ、中火にしてマスタード・シードを入れる。
②パチパチしたら弱火にしてメティ・シードを加える。
③こがさないよう鍋をゆすりながらスパイスの香りを油に移す。メティ・シードはこげやすいので注意。
④メティの色が少し茶色に変わったら、タマネギとカレー・リーフを加えて炒める。
⑤タマネギが透明になったら弱火にし、ジンジャー・ガーリック・ペーストを入れたら、サッとひと混ぜする。
⑥さらに青唐辛子、トマトを加える。
⑦トマトをつぶすようにして軽く炒めたら火を弱め、パウダー・スパイスと塩を加える。

⑧水一カップを鍋に加え、中火にする。
⑨こがさないようにして三分ほど炒め煮にする。全体がポテッとして、スパイスとタマネギ、トマトなどすべての材料がよくミックスされた状態にする。表面に油が浮かぶのがマサラのできあがりの目安。
⑩マサラができたら、タマリンドの水溶きエキスを加える。
⑪鍋底をこそげるようにしてかき混ぜ沸騰させたら、フタをして弱火で五分煮る。
⑫ココナッツ・ミルクも加え、沸騰したら弱火でさらに二〜三分煮る。
⑬エビを入れ、身が縮みすぎないよう注意しながら、弱火で五分程煮る。
⑭エビに火が通ればできあがり。塩加減をチェックして、あれば刻んだ香菜（分量外）も散らす。

おいしく作るコツ

・エビの大きさや種類、量はお好みで。やはり有頭を使うと味が濃いです。
・ココナッツ・ミルクは現地だと倍量ぐらいまで増量することも。これもお好みで。

タマリンドやトマトの酸味と、ココナッツの甘さのバランスに感心させられる一品。最初、ココナッツの甘さが口の中で強調されますが、その後、酸味がやってきます。エビを白身魚（切り身四枚を一口大にカットしたもの）に代えれば「マラバール・フィッシュカレー」になります。

✺タマリンド・フィッシュカレー

タミル・ナドゥ州の家庭で教わりました。たいていの白身魚の切り身が使えます。

材料（**四人分**）白身魚の切り身四枚、タマネギのスライス二分の一個分、ニンニクの粗みじん切り一個分、ジンジャー・ガーリック・ペースト（ショウガとニンニク同量のすりおろし）大さじ一、トマトの粗みじん切り一個分、タマリンド一五グラム（インド製タマリンド・ペーストを使用するときは小さじ一・五）、塩小さじ二、サラダ油大さじ二、水一カップ、青唐辛子二本（なければシシトウ四本で代用）、カレー・リーフ一〇枚、香菜のみじん切り大さじ山盛り一ホール・スパイス……フェンネル・シード小さじ一、グリーン・カルダモン四粒、シナモン・スティック三センチ、クローブ二粒、ベイリーフ一枚、ブラック・ペパー一〇粒、メティ・シード小さじ四分の一

パウダー・スパイス……ターメリック小さじ四分の一、赤唐辛子粉小さじ一、コリアンダー小さじ二

主な調理器具　直径二〇センチ程度の厚手の鍋、おろし金

調理時間　二五分

下ごしらえと調理

①タマリンドを一カップのぬるま湯（四〇度程度）に浸したら、五分から一〇分ほど放置し、エキスをよくもみだしておく。エキスをとった後の種やかすは、なるべく取り除く。ペーストの場合は一カップのお湯でよく溶いておく（湯は分量外）。

②魚の切り身は食べやすいサイズにカットしておく。

③厚手の鍋にサラダ油を入れ、中火にしてホール・スパイスを加え、こがさないよう鍋をゆすりながらスパイスの香りを移す。

④いい香りがしてきたらタマネギとニンニク、カレー・リーフを加えて炒める。
⑤タマネギが透明になるまで炒めたら、ジンジャー・ガーリック・ペーストを加える。
⑥トマト、香菜、青唐辛子を加える。
⑦トマトをつぶすようにして軽く炒めたら火を弱め、パウダー・スパイスと塩を加える。
⑧水一カップを加え、こがさないようにして三分ほど炒め煮にする。
⑨タマリンドのエキスを加え、一分ほど煮る。
⑩魚の切り身を加え、身が崩れないように注意しながら、弱火で一〇分ほど煮る。
⑪魚に火が通れば完成。塩加減をチェックし、好みで香菜(分量外)をふりかける。

おいしく作るコツ

・メカジキ、タイ、スズキ、サワラ、タラなどのほか、サケやブリ、サバの切り身などでもおいしくできます。
・タマリンドが入手できない場合、トマトを倍量にして作れば、トマトベースのフィッシュカレーができあがります。

こちらはココナッツを入れずに、タマリンドの酸味を生かします。ちょっとした素材の違いで大きく風味が変わります。これぞ本場ならではのインド料理の魅力の一つです。

✹メカジキのスパイス焼き

魚の料理をもう一品。酒の肴にもおすすめのお手軽焼きものです（口絵⑩参照）。

材料（四人分） メカジキの切り身四枚、ジンジャー・ガーリック・ペースト（ショウガとニンニク同量のすりおろし）大さじ一、サラダ油大さじ二、塩小さじ二分の一、レモン汁少々

パウダー・スパイス……ターメリック小さじ二分の一、赤唐辛子粉小さじ二分の一、ブラック・ペパー小さじ二分の一

主な調理器具 フライパンか中華鍋、おろし金

調理時間 五分（カジキをマリネする時間は除く）

下ごしらえと調理

①メカジキは食べやすいサイズにカットする。

②メカジキをボールに入れ、ジンジャー・ガーリック・ペースト、パウダー・スパイスと塩を全体によくまぶす。できれば一時間以上冷蔵庫で寝かせて、味をなじませる。

③フライパンか中華鍋にサラダ油を入れて、スパイスをまぶした切り身を両面こんがりと焼きあげればできあがり。仕上げにレモン汁をふる。

おいしく作るコツ

・赤唐辛子粉とブラック・ペパーの量と配合はお好みで。ブラック・ペパーなしも可能ですし、ガラム・マサラを小さじ二分の一程度加えれば北インド風になります。

・魚種は基本的に切り身であれば、何でもオーケーです。サケやサバ、サワラ、スズキ、タイなどでどうぞ。

ご飯の上にのせ、魚の身をほぐしながらいっしょに食べると、おいしいおかずに変身します。ラッサムやサンバルを添えれば、誰もが満足すること間違いなしです。

南インドの肉料理

野菜やシーフード料理の陰に隠れていますが、もちろんおいしい肉料理が南インドにもたくさんあります。好サンプルをご紹介しましょう。

＊南インドのチキンカレー

いろいろなレシピ、さまざまな味わいのチキンカレーが南インドにもあります。これはベーシックでビギナーでも作りやすいものです（口絵⑩参照）。

材料（**四人分**）皮なし鶏モモ肉二枚（四〇〇～五〇〇グラム）、タマネギのスライス一個分、ジンジャー・ガーリック・ペースト（ショウガとニンニク同量のすりおろし）大さじ一、ホールトマト二分の一カップ（生トマトなら粗みじん切り一カップ）、青唐辛子二本（なければシシトウ四本で代用）、香菜のみじん切り大さじ一（なければ省略）、サラダ油大さじ三、塩小さじ二、水二カップ、ココナッツ・ミルク缶二分の一カップ、カレー・

リーフ一〇枚（なければ省略）
ホール・スパイス……マスタード・シード小さじ一、シナモン・スティック三センチ、クローブ二粒、グリーン・カルダモン四粒、ブラック・ペパー一〇粒、ベイリーフ一枚（いずれも、なければ省略）
パウダー・スパイス……ターメリック小さじ四分の一、赤唐辛子粉小さじ二分の一、コリアンダー・パウダー小さじ二

主な調理器具　直径二〇センチ程度の鍋、フタ、おろし金
調理時間　四〇分

下ごしらえ
①タマネギはまず縦半分にカットし、さらに横半分に切る。それから均等の薄さにスライスする。
②青唐辛子は縦半分にスライスするかスリットを入れる。シシトウの場合は小口切りに。

調理1　マサラ作り

①底の厚い鍋にサラダ油を入れ中火にしたらホール・スパイスを加え、スパイスをこがさぬよう注意しながら、油に香りを移すようにして加熱する。
②マスタード・シードがパチパチとはじけたら、タマネギを加え、よく混ざるようにかき混ぜながら炒めはじめる。火は強めの中火。
③最後は弱火に落としつつタマネギを少し色づくまで炒めたら、弱火のままジンジャー・ガーリック・ペーストを加え軽くミックスする。
④ショウガやニンニクのいい香りがしてくるはず。そうしたら青唐辛子またはシシトウ、あれば香菜とカレー・リーフも加えて、全体をサッと炒める。
⑤さらにホールトマトを加えてひと混ぜしたら、中火に火力を上げる。ホールトマトをつぶすようにして、沸騰後一分ほどかき混ぜながら炒める。
⑥再び弱火にしたらパウダー・スパイスと塩を加える。
⑦水一カップを加え、火力を中火程度にアップし、かき混ぜながら沸騰させる。
⑧沸騰後もかき混ぜつつ三分ほど煮込めば、汁気があまりなくて全体がポテッとした濃いソースができる。これがカレーのベースになるマサラ。完成の目安はマサラの表面、特にポコポコと沸騰している周囲にオレンジ色に染まった油が浮き上がること。イン

ドでは「マサラとオイルがセパレートしたらオーケー」という表現をよく使う。

調理2 鶏肉の炒めと煮込み

①マサラが完成したら、鶏肉を加え、中火でマサラとよく炒め合わせる。

②ココナッツ・ミルクを加える。さらに水一カップ程度を加え、汁加減をヒタヒタ、ちょうど肉がソースにギリギリ埋没するくらいにする。

③鍋の側面についたマサラをきれいにこそげたら、フタをして、ときどきかき混ぜながら弱火で沸騰状態を維持しつつ煮込む。

④一〇分ほどして肉が軟らかくなったらほぼできあがり。フタを取り、少し火を強めて三分ほど煮込み、トロみをお好みに調整したら、塩加減をチェックし、あれば刻んだ香菜（分量外）をふりかける。

おいしく作るコツ

・辛さは赤唐辛子粉で調整しますが、ブラック・ペパーのパウダーを適宜加えても美味です。

・南インドの肉カレーは、ガラム・マサラなしのものが少なくありません。これもその一例です。

インドの豪華な炊き込みご飯、ビリヤニ

＊ヒンドゥー式チキン・ビリヤニ

お米を使ったインドを代表するごちそうの代表が、各種カレーの炊き込みご飯であるビリヤニ。カレーと硬めに炊いたご飯を重ね蒸しにする「イスラーム式」と、生米をカレーとともに炊く「ヒンドゥー式」という二つのスタイルがあります。後者の方が簡単で、初心者でもおいしく仕上がります。

ここでは南インドのチキンカレーを利用し、手軽に本場の味わいを再現しました。チエンナイのヒンドゥー家庭で習ったレシピです（口絵⑨参照）。

材料（四人分）　南インドのチキンカレー（261ページのレシピを参照）八〇〇ml、バス

マティ・ライス（インドやパキスタンの高級長粒米。独特のかぐわしい香りとパラリと軽い炊き上がりが特徴）三カップ、水三カップ、バター四片、刻んだミント五グラム（ペパーミント、スペアミント、どちらでも可）、刻んだ香菜一五グラム、塩小さじ四分の三

ホール・スパイス……サフラン四〇本（なければ省略）

主な調理器具　ピッタリとフタのできる厚手の鍋

調理時間　五〇分

調理

①米は洗って二〇分ほど浸水してから、水切りしておく。

②鍋に南インドのチキンカレー、分量の米、水、バター、ミント、香菜、塩、サフランを入れ、火にかける。

③沸騰するまではフタをせずに強火。沸騰したら軽く混ぜ、弱火にしてフタをし、蒸し煮にする。

④ときどきフタを開け、水分の飛び具合と米の吸水状況を確認し、その都度、火加減を調整する（基本的に常に弱火でじっくり蒸すのがいい。ただし途中で水が多いと感じたら、し

ばらくフタを取り、少し火を強め、軽くかき回しながら加熱し水分を飛ばす。それからまた弱火にして、フタをして蒸す)。
⑤一五分程度してお米がふっくらしたらできあがり。火を止め、できればさらに一五分以上蒸らしてから食べる。

おいしく作るコツ

・バスマティ・ライス以外の長粒米(例えばタイのジャスミン・ライスなど)を使用する場合、炊き込み時の水量を三分の二にしましょう。また日本米を使用する場合は、水量を三分の一にするとよいでしょう。
・できあがったビリヤニを炊飯器に入れ、一時間ほど保温してから食べると、さらに余分な水分が抜け、うまみがご飯に浸み込み、美味です。

3 インドのサラダ、飲みもの、デザートなど

これまでは、主菜になる料理と主食を中心に、南北に分けてご紹介してきました。最後にサラダと飲みもの、デザートについて、全国的にご説明して終わることにしましょう。

インドのサラダ

インドでは伝統的に火や油を使った料理がメインで、野菜を生で食べることは主流ではありません。それでもおいしいものがありますから、ご紹介しましょう。

✺ミックス・ベジタブル・ライタ

お好みの野菜をヨーグルトとミックスして食べます。肉料理のつけ合わせなどにピッタリです。一つの野菜で作っても美味。本来、生野菜は体をクール・ダウンさせるものですから、特に暑いときにぜひどうぞ（口絵⑪参照）。

材料（**四人分**）　トマト一個、タマネギ二分の一個、キュウリ二分の一本、ショウガのみじん切り大さじ一、塩小さじ二分の一、レモン汁小さじ二、ヨーグルト二カップ、香菜のみじん切り大さじ一（なければ省略）

主な調理器具　ボール

調理時間　一〇分

下ごしらえと調理

①トマトとキュウリは粗みじん切り、タマネギはそれより小さいみじん切りに。目安はヨーグルトと刻んだ野菜が同量程度から、ヨーグルトが野菜よりやや多め。

②ボールなどに刻んだ野菜、ショウガ、香菜を入れ、塩とレモン汁をかけたら一〜二分ほど放置する。水気は切らない。
③ヨーグルトを加え、全体を軽く混ぜ、さらに塩加減を調整してできあがり。

おいしく作るコツ

・野菜とヨーグルトを混ぜてから味つけするより、野菜に下味をつけてから和えた方が美味です。
・野菜の組み合わせ、ヨーグルトとのバランスはお好みで。
・野菜の水気を切らないことで、ヨーグルトと合わさってより深い味わいになります。

✺カチュンバル

生野菜だけのサラダメニュー。北の肉料理などに添えて出されます。ノンオイルなのでヘルシーです（口絵⑪参照）。

材料（**四人分**）　タマネギ二分の一個、キュウリ一本、ダイコン長さ三センチ分、トマト一個、ピーマン一個、ショウガのみじん切り大さじ山盛り一、刻んだ香菜大さじ山盛り一、塩小さじ二分の一、レモン汁大さじ一

パウダー・スパイス……チャット・マサラ小さじ二分の一（なければ省略。または赤唐辛子粉か粗挽きブラック・ペパー小さじ二分の一でも可）

主な調理器具　ボール

調理時間　五分

下ごしらえと調理

①野菜は、材料表に挙げたものの代わりにお好みの種類を用意してもよい。いずれも小さなダイス状にカットする。入れるとおいしいのはピーマン、ショウガ。刻んだ青唐辛子もイケる。

②ボールにすべての材料を入れたら、塩とレモン汁、お好みのパウダー・スパイスをふりかけ、全体を和えればできあがり。

おいしく作るコツ

・チャット・マサラには塩分がありますので、塩加減に注意しましょう。

インドの飲みもの

どんなものにせよインド人は、氷を入れてキンキンに冷やしたものは好みません。身体を冷やしすぎると考えるからです。だから飲みものはホットのものが中心です。

＊マサラ・チャイ

日本のインド料理店でもたいてい食後はこれですね。でもうまく淹れてくれるところはなかなかないものです。そこで、自分でおいしく作りましょう。

材料（四杯分）　牛乳五〇〇ml、水一カップ程度、紅茶の茶葉（葉の短いものが好適）小さじ山盛り四、砂糖適宜、ショウガのスライス四枚

ホール・スパイス……シナモン・スティック三センチ、クローブ一粒、グリーン・カルダモン二粒

主な調理器具　直径一五センチほどの雪平鍋、茶こし

下ごしらえと調理

①雪平鍋に、水、ショウガ、スパイス類を入れて火にかける。

②中火にしてお湯が沸騰したら茶葉を入れ、そのまま一分ほどよく煮出す。

③牛乳を加えたら、常に茶葉が対流して底に沈まないよう、かき混ぜながら火を入れる。火加減はできるだけ強火で。

④沸騰してきたら吹きこぼれないよう火加減を調整し、そのまま一〇秒くらい沸騰状態を維持してから火を止める。

⑤茶こしを使ってカップに注いだら、適宜砂糖を入れ、お好みの甘さで楽しむ。

✺南インドの泡立ちコーヒー

チェンナイなど南インドの多くの地域では、チャイはあまり飲みません（南インドでチャイが好まれるのは、主にケララ州です）。一般的に南では、「インディアン・カプチーノ」とでも呼ぶべき、濃厚な泡立ちコーヒーが主流です。

材料（一杯分） コーヒー、牛乳、砂糖（各適宜）

主な調理器具 鍋、コーヒーカップ

調理

①まずエスプレッソ並みの濃さでコーヒーを淹れる。

②別の鍋にたっぷりの牛乳を沸かし、コーヒーをカフェオレ程度の濃さになるように加え、もういちど沸かす。

③コーヒーカップを二つ用意し、片方に砂糖を適量入れる。砂糖を入れるのに使ったスプーンはこの時点でお役御免にする。

④沸いたミルクコーヒーを砂糖の入ったカップに注ぐ。スプーンを使わないと砂糖は溶けきらない。そこで、やむなく二つのカップを橋渡しにコーヒーを行き来させて砂糖を溶かす。ブクブクと泡が立つ。南インド式コーヒーのできあがり。

＊ラッシー

インドではラッシー専用のマシン（といっても、単に電動モーター式の攪拌機ですが）で作ったりもしますが、ここではより簡単で、おいしいレシピをお教えしましょう。

材料（**四人分**）　プレーンヨーグルト五〇〇ml、牛乳か水一五〇ml、レモン汁少々、砂糖適宜、氷適宜

主な調理器具　ボール、泡立て器

調理

①ボールに材料すべてを入れる。

②泡立て器などで砂糖が溶けるまでかき混ぜれば、できあがり。

ワンポイント・コラム

その他のドリンク

インド中どこに行っても、オレンジやバナナ、ザクロやニンジン、果てはビーツなどのフレッシュジュースがおいしいです。ただしフレッシュとはいえ、大量のガム・シロップやミルク、さらにはスパイスやハーブを味つけに使ったりします。

おすすめはデリーやムンバイの「モサンビ・ジュース」。モサンビはオレンジの一種です。スパイシーなマサラが隠し味で、これが美味。南にもモサンビ・ジュースはありますが、意外にもだいたいノー・マサラです。

また甘党の方はローズ・ウォーターのピンク色した「ローズ・ミルク」や、アーモンド・パウダーを溶かした「バダム・ミルク」をぜひどうぞ。

お酒好きには同一銘柄でもなぜか地方ごとに味の違うワイルドな味のビール、そしていかにもインド的なコクと香りのするラムがおすすめです。

甘味天国インドのお菓子

お菓子のことだけで優に一冊の本ができるほど、インドのスウィーツはいろいろあります。ただしそれらの多くは熟練の技術や経験を必要とし、調理を実見していない日本人がうまく再現することは、残念ながらまず不可能です。ここでは牛乳を使った極力シンプルなデザートをご紹介します（ただし後者は相当難しいですが）。

✺フィルニ

北インドのムスリム・デザートの代表です。いわばインドのライス・プディング。冷やして食べるとよりおいしいです（口絵⑪参照）。

材料（**四人分**）　上新粉三分の一カップ、牛乳二カップ、砂糖適宜（小さじ六〜八）、砕いたカシューナッツやアーモンド大さじ一

ホール・スパイス……グリーン・カルダモン四粒（カルダモンのパウダーでも可）

主な調理器具　雪平鍋

調理時間　三〇分

下ごしらえと調理

①上新粉を厚手の鍋に入れ、分量の半分の牛乳を加えてから火をつける。

②弱火にして、残りの牛乳を少量ずつ入れながら、かき混ぜつつ煮溶かす。ダマにならないよう気をつけること。

③牛乳を全量入れたらグリーン・カルダモンも加え、たえずかき混ぜながら弱火で煮込む。最初はサラサラとした状態だったのが、火が通るにつれてトロリとしてくるはず。

④一〇～一五分煮ると、全体が濃度を増してすっかりポテッとした状態になる。ここで砂糖をお好みの量加える。インド式はかなり甘め。

⑤砂糖が溶けたらできあがり。カルダモンの粒を取り除き（カルダモンのパウダーを使用するときは、この仕上げでふりかける）、器に取り分けたら、砕いたカシューナッツやアーモンドを上に散らす。常温でもいいが、冷蔵庫で冷やすとよりおいしい。

✺サンディッシュ

こちらはベンガルのスウィーツの代表（口絵⑪参照）。インドのカッテージ・チーズであるパニールから作ります。

材料（六〜一〇個分） 牛乳一リットル、生クリーム一カップ、レモン汁大さじ四、砂糖適宜（一カップ程度）、ギー少々

ホール・スパイス……グリーン・カルダモン五粒

主な調理器具 中華鍋、ボール、バット

調理時間 四五分

下ごしらえ

①牛乳と生クリーム、レモン汁でパニールを作る。硬めの方がよい（105ページ参照）。

②できたパニールをボールに移し、よく練る。最初ポロポロになり、そのうち粘度が出て、練っているうちに掌には脂がにじんでくる。砂糖を少しずつ加えてさらに練る。

調理

①ダマがなく、なめらかな生地になったら、油をひかない中華鍋にパニールを移す。
②弱めの中火で常に練り込みながら火を入れる。最初は軟らかだが、やがて生地は硬くなり、端が中華鍋の側面からはがれる感じになる。そうしたら火を止め、一分ほど一心不乱に鍋の中身を練りまくる。湯気といっしょに水気を飛ばす感じで。
③もう一度火にかけ、同じプロセスを繰り返す。こがさないように。
④生地がある程度まで硬くなったら、ギーを塗ったバットに広げる。
⑤よく冷まして硬くなってから、好きな形にカットして食べる。パニール独特のほのかな酸味とさわやかさが、甘味といっしょに口の中に広がれば大成功。

おいしく作るコツ

・水分を飛ばしてうまく硬くすることができるかが最大の難所です。うまくいくと口の中で溶けるようにできあがります。
・バットに広げる代わりに、手で小さなボールに丸めてもいいです。

文庫版あとがき

私がインド料理より前に関わっていた音楽の世界では、ロックグループやジャズミュージシャンの足跡をたどり、その成果を評価する場合、「ファーストアルバムにはすべてが詰まっている」ということがしばしばいわれます。

デビュー作品には、そのアーティストの資質や可能性、やりたいことなどがいろいろな形で凝縮されている。たとえ後々表面上は音楽性を激しく変化させたとしても、ファーストアルバムにはそのアーティストの不変な本質や本音がしっかり見て取れる——。

これはかなりの確率で当たっていると、私は思っています。

ビートルズ、ローリング・ストーンズ、レッド・ツェッペリン、ジミ・ヘンドリクス、ピンク・フロイド、ドアーズ、マイルス・デイビス、RCサクセション、遠藤賢司。皆、その後、自らの音楽性をどんどん突き破って新しい音楽を果敢に創造していった人たちです。いずれもそのデビューアルバムには、ときに粗削り、ときに未熟な表現ながらも、終生変わらずブレることのない、熱いサムシングを感じ取ることができると思います。

もともと『誰も知らないインド料理』と題されたこの本は私にとって初の著作、つまりファーストアルバムでした。オリジナルは一九九七年の刊行。インドやタイ、ベトナムなどアジア系エスニック料理は現在に比べまだ一般的ではなかったものの、熱心なカレーファンやインド料理好きが確実に存在し、同時に、日本人による本格的なインド料理のレシピブック、インド料理のメカニズム、伝統、実態などを網羅した本はまだなかった時代でした。そうした中、いささか大げさではありますが、啓蒙的な意味も含め、できる限り懇切丁寧にインド料理の実像を書かせていただいたのが、この本です。

本書の出版から一〇年弱が経過した二〇〇六年の夏、日本のインド料理界では大きな動きがありました。それは「南インド料理」の台頭です。きっかけの一つは、私がさる料理雑誌のカレー特集号で南インドの中心地、タミル・ナドゥ州チェンナイを現地取材し、本場の食事情やカレーレシピを紹介したことにもありました。

それ以降、私は日本における南インド料理の紹介者の一人と見なされることが少なくありませんでしたが、胸の内で気になっていることがありました。

それはすでに一般市場でたいへん手に入りにくくなっていた本書の存在です。私は当時、南インド料理が日本でほとんど知られていない前提のもと、本書を書き綴っていたのです。

今回、文庫版として再刊行するに当たりまず留意したのは、二〇一二年現在の日本では、南インド料理がカレーファンやインド料理好きな皆さんの間において、すでにその名前や実態がある程度のレベルまで浸透しているということです。

と同時に、一九九七年当時とは異なり、インターネットの発達などにより、誰もが本場のインド料理に関する情報を、いとも簡単にゲットすることができるようになりました。インドのグルメサイトにアクセスすれば、各地の名店がすぐにピックアップできますし、動画配信サイトを見れば、現地の一流シェフや家庭料理の名人である料理研究家のレシピを、テレビ番組を観るようにチェックできます。

こうした中、私にできることは何だろうともう一度よく考えながら、本書を読み返し、大幅に書き直すことにしました。その成果が今回の文庫版『新版 誰も知らないインド料理』です。

具体的には、まず、多くのレシピをリニューアルしています。

どんな料理も調理技術や材料の革新や改善があります。悠久の歴史をイメージし、むしろスピーディな変革とは無縁と思われるインド料理も例外ではありません。ここ一五年の間、私が培った新しい技術やコツをできるだけたっぷり盛り込み、より手軽においしいインド料理が楽しめるよう配慮しました。

また、前述のような南インド料理の台頭をはじめ、この間インド料理やカレーにまつわる新しいトレンドが日本とインドの双方、さらには世界中で生まれました。そうしたこともできるだけ適切に反映するよう心がけました。

結果として私のファーストアルバムは装いも新たにすっかり生まれ変わりました。既存の同名旧書をお読みになった方も、まったく新しい一冊として本書をお読みいただければ、うれしいです。

最後に、これまで出会ってきたすべての素晴らしき料理人たち、ひょんなことから私の料理を食べていただき、「本を作ろうじゃないか」といってくださった出帆新社の加部さんご夫妻、そうした縁をつないでいただいたインド通信の皆さん、今回の文庫での復刊を実現してくれた光文社の西谷博成さん、そして、ビギナー時代から辛抱強く私の料理につきあってくれている最良の批評家、わがつれあいの桂子にまずはこの成果を捧げたいと思います。

それにしても、今回ご紹介したかったにもかかわらず、諸処の理由から心苦しくも選外にしたメニューの多かったことといったら……。やはりインド料理の世界は広くて深いのだ、ということを改めて認識しつつ、とりあえずは筆を置きましょう。

ナマステ！　ワナカム！

渡辺　玲

二〇一二年七月

知恵の森
KOBUNSHA

新版《しんぱん》　誰《だれ》も知《し》らないインド料理《りょうり》

おいしい やさしい ヘルシー

著　者 ― 渡辺 玲（わたなべ あきら）

2012年　8月20日　初版1刷発行
2017年　12月20日　3刷発行

発行者 ― 田邉浩司
組　版 ― 萩原印刷
印刷所 ― 萩原印刷
製本所 ― ナショナル製本
発行所 ― 株式会社 光文社
東京都文京区音羽1-16-6 〒112-8011
電　話 ― 編集部(03)5395-8282
書籍販売部(03)5395-8116
業務部(03)5395-8125
メール ― chie@kobunsha.com

ISBN978-4-334-78611-3　Printed in Japan